海上絲綢之路基本文獻叢書

春融堂雜記八種

〔清〕王昶 撰

文物出版社

圖書在版編目（CIP）數據

春融堂雜記八種 / （清）王昶撰．-- 北京 : 文物出版社，2022.7
（海上絲綢之路基本文獻叢書）
ISBN 978-7-5010-7636-9

Ⅰ．①春… Ⅱ．①王… Ⅲ．①邊疆地區－史料－中國－清代 Ⅳ．①K928.1

中國版本圖書館 CIP 數據核字（2022）第 086558 號

海上絲綢之路基本文獻叢書

春融堂雜記八種

撰　　者：〔清〕王昶
策　　劃：盛世博閱（北京）文化有限責任公司

封面設計：鞏榮彪
責任編輯：劉永海
責任印製：王　芳

出版發行：文物出版社
社　　址：北京市東城區東直門內北小街 2 號樓
郵　　編：100007
網　　址：http://www.wenwu.com
經　　銷：新華書店
印　　刷：北京旺都印務有限公司
開　　本：787mm×1092mm　1/16
印　　張：11.375
版　　次：2022 年 7 月第 1 版
印　　次：2022 年 7 月第 1 次印刷
書　　號：ISBN 978-7-5010-7636-9
定　　價：90.00 圓

總緒

海上絲綢之路，一般意義上是指從秦漢至鴉片戰争前中國與世界進行政治、經濟、文化交流的海上通道，主要分爲經由黄海、東海的海路最終抵達日本列島及朝鮮半島的東海航綫和以徐聞、合浦、廣州、泉州爲起點通往東南亞及印度洋地區的南海航綫。

在中國古代文獻中，最早、最詳細記載『海上絲綢之路』航綫的是東漢班固的《漢書·地理志》，詳細記載了西漢黄門譯長率領應募者入海『齎黄金雜繒而往』之事，書中所出現的地理記載與東南亞地區相關，并與實際的地理狀況基本相符。

東漢後，中國進入魏晉南北朝長達三百多年的分裂割據時期，絲路上的交往也走向低谷。這一時期的絲路交往，以法顯的西行最爲著名。法顯作爲從陸路西行到印度，再由海路回國的第一人，根據親身經歷所寫的《佛國記》（又稱《法顯傳》）一書，詳細介紹了古代中亞和印度、巴基斯坦、斯里蘭卡等地的歷史及風土人情，是瞭解和研究海陸絲綢之路的珍貴歷史資料。

隨着隋唐的統一，中國經濟重心的南移，中國與西方交通以海路爲主，海上絲綢之路進入大發展時期。廣州成爲唐朝最大的海外貿易中心，朝廷設立市舶司，專門管理海外貿易。唐代著名的地理學家賈耽（七三〇～八〇五年）的《皇華四達記》記載了從廣州通往阿拉伯地區的海上交通『廣州通夷道』，詳述了從廣州港出發，經越南、馬來半島、蘇門答臘半島至印度、錫蘭，直至波斯灣沿岸各國的航綫及沿途地區的方位、名稱、島礁、山川、民俗等。譯經大師義净西行求法，將沿途見聞寫成著作《大唐西域求法高僧傳》，詳細記載了海上絲綢之路的發展變化，是我們瞭解絲綢之路不可多得的第一手資料。

宋代的造船技術和航海技術顯著提高，指南針廣泛應用於航海，中國商船的遠航能力大大提升。北宋徐兢的《宣和奉使高麗圖經》詳細記述了船舶製造、海洋地理和往來航綫，是研究宋代海外交通史、中朝友好關係史、中朝經濟文化交流史的重要文獻。南宋趙汝適《諸蕃志》記載，南海有五十三個國家和地區與南宋通商貿易，形成了通往日本、高麗、東南亞、印度、波斯、阿拉伯等地的『海上絲綢之路』。宋代爲了加强商貿往來，於北宋神宗元豐三年（一〇八〇年）頒佈了中國歷史上第一部海洋貿易管理條例《廣州市舶條法》，并稱爲宋代貿易管理的制度範本。

元朝在經濟上採用重商主義政策，鼓勵海外貿易，中國與歐洲的聯繫與交往非常頻繁，其中馬可·波羅、伊本·白圖泰等歐洲旅行家來到中國，留下了大量的旅行記，記録元代海上絲綢之路的盛况。元代的汪大淵兩次出海，撰寫出《島夷志略》一書，記録了二百多個國名和地名，其中不少首次見於中國著録，涉及的地理範圍東至菲律賓群島，西至非洲。這些都反映了元朝時中西經濟文化交流的豐富内容。

明、清政府先後多次實施海禁政策，海上絲綢之路的貿易逐漸衰落。但是從明永樂三年至明宣德八年的二十八年裏，鄭和率船隊七下西洋，先後到達的國家多達三十多個，在進行經貿交流的同時，也極大地促進了中外文化的交流，這些都詳見於《西洋蕃國志》《星槎勝覽》《瀛涯勝覽》等典籍中。

關於海上絲綢之路的文獻記述，除上述官員、學者、求法或傳教高僧以及旅行者的著作外，自《漢書》之後，歷代正史大都列有《地理志》《四夷傳》《西域傳》《外國傳》《蠻夷傳》《屬國傳》等篇章，加上唐宋以來衆多的典制類文獻、地方史志文獻，集中反映了歷代王朝對於周邊部族、政權以及西方世界的認識，都是關於海上絲綢之路的原始史料性文獻。

海上絲綢之路概念的形成，經歷了一個演變的過程。十九世紀七十年代德國地理學家費迪南・馮・李希霍芬（Ferdinad Von Richthofen，一八三三～一九〇五），在其《中國：親身旅行和研究成果》第三卷中首次把輸出中國絲綢的東西陸路稱爲『絲綢之路』。有『歐洲漢學泰斗』之稱的法國漢學家沙畹（Édouard Chavannes，一八六五～一九一八），在其一九〇三年著作的《西突厥史料》中提出『絲路有海陸兩道』，蘊涵了海上絲綢之路最初提法。迄今發現最早正式提出『海上絲綢之路』一詞的是日本考古學家三杉隆敏，他在一九六七年出版《中國瓷器之旅：探索海上的絲綢之路》中首次使用『海上絲綢之路』一詞；一九七九年三杉隆敏又出版了《海上絲綢之路》一書，其立意和出發點局限在東西方之間的陶瓷貿易與交流史。

二十世紀八十年代以來，在海外交通史研究中，『海上絲綢之路』一詞逐漸成爲中外學術界廣泛接受的概念。根據姚楠等人研究，饒宗頤先生是華人中最早提出『海上絲綢之路』的人，他的《海道之絲路與昆侖舶》正式提出『海上絲路』的稱謂。選堂先生評價海上絲綢之路是外交、貿易和文化交流作用的通道。此後，大陸學者馮蔚然在一九七八年編寫的《航運史話》中，使用『海上絲綢之路』一詞，這是迄今學界查到的中國大陸最早使用『海上絲綢之路』的人，更多地限於航海活動領域的考察。一九八〇年北京大學陳炎教授提出『海上絲綢之路』研究，并於一九八一年發表《略論海上絲綢之路》一文。他對海上絲綢之路的理解超越以往，且帶有濃厚的愛國主義思想。陳炎教授之後，從事研究海上絲綢之路的學者越來越多，尤其沿海港口城市向聯合國申請海上絲綢之路非物質文化遺産活動，將海上絲綢之路研究推向新高潮。另外，國家把建設『絲綢之路經濟帶』和『二十一世紀海上絲綢之路』作爲對外發展方針，將這一學術課題提升爲國家願景的高度，使海上絲綢之路形成超越學術進入政經層面的熱潮。

與海上絲綢之路學的萬千氣象相對應，海上絲綢之路文獻的整理工作仍顯滯後，遠遠跟不上突飛猛進的研究進展。二〇一八年厦門大學、中山大學等單位聯合發起『海上絲綢之路文獻集成』專案，尚在醖釀當中。我們不揣淺陋，深入調查，廣泛搜集，將有關海上絲綢之路的原始史料文獻和研究文獻，分爲風俗物産、雜史筆記、海防海事、典章檔案等六個類别，彙編成《海上絲綢之路歷史文化叢書》，於二〇二〇年影印出版。此輯面市以來，深受各大圖書館及相關研究者好評。爲讓更多的讀者親近古籍文獻，我們遴選出前編中的菁華，彙編成《海上絲綢之路基本文獻叢書》，以單行本影印出版，以饗讀者，以期爲讀者展現出一幅幅中外經濟文化交流的精美畫卷，爲海上絲綢之路的研究提供歷史借鑒，爲『二十一世紀海上絲綢之路』倡議構想的實踐做好歷史的詮釋和注脚，從而達到『以史爲鑒』『古爲今用』的目的。

凡例

一、本編注重史料的珍稀性，從《海上絲綢之路歷史文化叢書》中遴選出菁華，擬出版百册單行本。

二、本編所選之文獻，其編纂的年代下限至一九四九年。

三、本編排序無嚴格定式，所選之文獻篇幅以二百餘頁爲宜，以便讀者閱讀使用。

四、本編所選文獻，每種前皆注明版本、著者。

五、本編文獻皆爲影印，原始文本掃描之後經過修復處理，仍存原式，少數文獻由於原始底本欠佳，略有模糊之處，不影響閱讀使用。

六、本編原始底本非一時一地之出版物，原書裝幀、開本多有不同，本書彙編之後，統一爲十六開右翻本。

目録

春融堂雜記八種

春融堂雜記八種

〔清〕王昶 撰

清嘉慶十三年青浦王氏塾南書舍刻本

嘉慶戊辰孟秋鐫

春融堂雜記八種

塾南書舍藏版

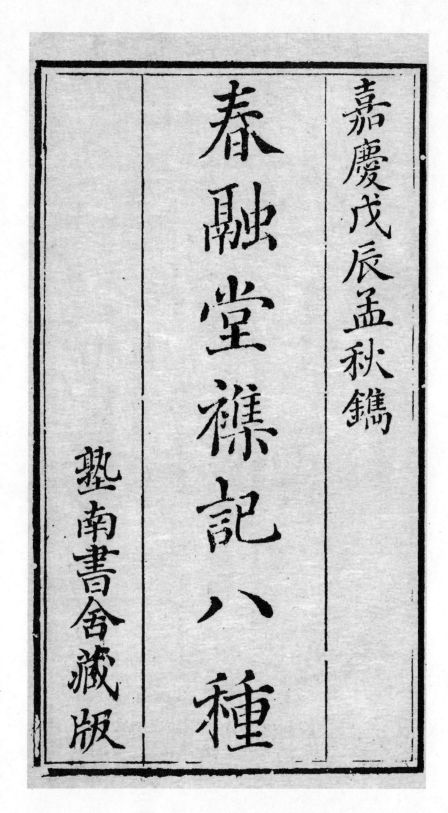

春融堂雜記八種總目

野水冰初合颯沓商聲樹盡凋安得中山千日酒與君扶醉上征軺是日也行五十里抵新樂縣西樂驛過滹沱河時水已落矣策車可渡自此而西風沙蒼莽又九十里抵藁城縣伏城驛又五十里抵正定府治總兵張君和來見又六十里抵欒城城鼓四下不復能寐

十四日自欒城行四十里日出抵趙州鄗城驛食於慶陽書院柏鄉門人魏生延皋爲此山長已歸家矣留書致之又六十里抵柏鄉縣槐水驛市集甚盛又六十里二更餘抵内邱縣中邱驛始少憩

十五日行三十里日出抵順德府治過沙河又三十里抵邢臺縣龍岡驛六十里中流沙無際塵坌交集又七十里抵永年縣臨洺驛又四十五里抵邯鄲叢臺驛宿連日無風頗暖

十六日寅刻邯鄲令張君鳳鳴來見湖北黃岡人癸酉同年生善箸爲阿公著之遇離云離位南於象爲文明爲兵戈甲胄今六爻不動未必克也行三十餘里遇宗人府主事徐君恕自廣西典試回佇語久之又三十里抵磁州滏陽驛又三十五里過漳河河水落中間僅存大澑㳙年十月末始輿梁是時功尚未成車馬均以舟濟過河爲河南安陽縣界郜莊林木晻藹相望又三十餘里抵安陽鄴城驛頗潔靚又七十里抵湯陰宜溝驛晨雞角角鳴矣

十七日自宜溝驛行過淇水六十里抵淇縣淇門驛因憶門人景雲客人龍孝廉昔居此今下世已五載矣作詩弔之赴汲縣途　奚侍讀省欽自貴州典試回下車絮語風沙甚厲贈以　不分河梁此際登風沙滿目意難勝深知道

驛城外十五里即臥龍岡有武鄉侯廟殘月初出空林皓然二十三日丑刻抵南陽宛城驛巳刻抵林水驛申刻抵新野與令陳君基德相見縣有新野書院長洲門人江生珽主講席於此適赴省未得見二更抵湍陽驛已入湖北境矣距驛十餘里渡白水水自南陽來凡三渡此水此爲最廣四更抵襄陽之樊城葢呂堰驛也阿公方秉燭相待時守備程輙陷緬以密書呈阿公里衮言緬人與暹羅自古結怨仇殺可以牽掣阿公里衮奏之有旨令阿公桂詳議因言緬人據暹羅暹羅人圖恢復理宜有之自古結怨雖未悉搆衅之由然外夷離合無定亦事勢之常第恐非確信宜持以鎮定密爲部署待之至大兵會合暹羅須越緬境若由廣東往則遠隔重洋要約在數月之後相去數千里之遠必不能如期奏入

上是之

二十四日卯刻阿公拜摺即行博君亦回京復　命草草作家書寄之余以待升之暫留樊城令孔君繼源來見蓋自二十日後不寐者四夕矣是晚薄寒微雨寐極熟

二十五日住樊城隔水望襄陽雉堞參差峴首諸山逶迤於人烟郁樹之外入暮雨作殊悽寂因有詩云望裏溪山罨楚雲蕭條遷客竟何云傷心賦已同開府誓墓書眞媿右軍鐵鹿連檣江外渡銅鞮舊曲夜深聞莫辭墮淚碑前過彩襧啼痕已不分

二十六日辰刻升之至和余詩云岸樹川花望不分烟波如畫碧紛紛渡江風帶樊城雨倚堞樓含峴首雲漢上題思追勝事襄陽傳欲續遺聞魚梁洲畔饒雞黍衡宇他時好共君

是日以買舟小住

二十七日登舟適鹽驛道朱君椿因稽察驛傳至襄陽余同鄉也相見共飯抵暮乃別

二十八日解纜順流而下天微晴江水寒綠淺者纔數尺江底石子磊磊可數昔人詠漢江云水漲蒲萄青又云漢水鴨頭綠不虛也兩岸青山迤邐邨壚相望二十里抵東津灣七十里抵嘯河四十里抵官莊泊從漁舟得魚味絶美殆槎頭縮項之屬耶

二十九日無風江平如鏡稍作縠紋縐耳重陰積霧有釀雨意遥望溪邨樹屋蔥蒨杳靄殆不減圖畫自出都後早晚凜冽重裘尚不勝寒至此則氣候妍暖絶似吾鄉午後微雨追暮止升之以詩見示云襆被同登漢上槎六年不聽櫓嘔鴉

容身已喜如居室入夢渾疑是到家斜日趁墟宵喚酒輕烟歷水午鳴茶南遷我久忘官樣慚見船頭候吏譁 一碧波翠巘一程程細雨斜風撲面迎沙步開客邨特臥烟帆低傍渚禽行潤留硯墨吟初罷寒勒篝香夢未成忽憶吳中十年事夜船鐙火按銀箏 二 自官莊二十里抵黃家嘴又二十里抵茆草洲又五十里抵劉家集又二十五里抵轉斗灣過內河又十餘里抵謝家集泊自過官莊兩岸皆無山矣

三十日晨起微雨西北風作稍寒挂颿行四十里抵歐家廟又三十里抵棠港又三十里抵石簰望石簰邨鎮亘四五里入烟叢密始見竹圃泊舟登岸土潤無纖塵麥苗剡剡已二三寸許有水自石簰奔流而出注於江不知其源也又四十里抵舊口泊

十一月初一日微雨土人因朔日賽神爆竹聲不絕擾被聽之殊似春正景象也曉起風色悽緊薄寒中人旅人殆難爲懷三十里抵沙洋又三十里抵多寶灣又四十里抵葉家灘未刻雨止尚未霽也距大澤口十餘里泊竟夕雨余有詩云楚天本悽清雲物結陰曀古來遷客居江山亦蕉萃有如傷心人一往輒墮淚我登樊水船五日罕晴霽今宵驟雨來灑空忽作勢飄蕭下船脣颯沓走沙次何人更夜漁漁歌激悲厲聽此歌聲哀毋乃風土異意者屈宋魂遺音在江汜

初二日清曉雨止陰霏未開風色悽緊如昨三十里抵澤口水深尺許舟膠不能行小泊以須人夫入暮風益緊雨益密水花噴薄終夜有聲屢夢屢醒復爲五字詩以志之曉雨已蕭寥暮雨更凄楲楚山萬重雲杳與寒空積嚴風亦刁騷如

弩射牕隙愁人本不眠假寐旋達適依稀在庭闈起居視巾
冪稍疑容顏殊慘淡異疇昔復如倚梧巢蒼蕪沒苔石舊遊
出視我殷勤問行跡是夜所夢如此倚梧巢則亡友蔣升枚所居在閶門內桃花塢忽驚江
濤喧船舷互推激累此孤征魂往來度關驛夢殘天未明轉
輾何由釋終當學無生稍以杜羈疾　一我作苦雨吟三朝復
三暮水宿淹程期風濤戒徒御何期江上雲復送江中雨其
來自初昏其還逮清曙似因寒夜長欲共幽人語歎我遠飄
蕭相於憯悽苦蕭條入篷牕如怨更如訴助以嗚咽音徐疾
非一緒我老不堪愁無淚共傾注翳翳守寒鐙沉沉聽戍鼓
生平西牕懷擁衾渺何許二
初三日巳刻潛江令李君[redacted]遣挽夫二十餘人來因水益
落挽之不得進乃計以陸路往田關

初四日晴僱小車載行李自與升之登肩輿行按其形勢澤口當是潛水禹貢所謂漢別爲潛也沿江皆高堤楚人稱堤爲垸經上官湖垸見人家率樵樊茆屋竹林相望楊柳蕭疎微黃未落麥畦蔬圃若方罫然農事休老牸閑臥寒鴉凍雀往往曝於其角風景清逸如此行二十里至田關復買舟舟以紙糊之如屋差小而潔惟水色忽渾蓋長湖之水所注也十里抵周家磯又十五里抵高家場又二十五里抵張窰觜泊

初五日晴四十五里至了角廟又二十里至湖口湖水南來注之水淺而急沿岸皆黃蘆白葦魚罾相望如畫過湖里許泊

初六日行三十里抵關磯口又十五里抵草市入城見荆施

宜道金君祖靜荆州長衢高屋人物浩穰比襄陽尤盛草市距沙市十五里水道淤塞行李復由陸路捆載始至沙市登舟沙市瀕江貨物繁富元微之詩云闤咽沙頭市蘇文忠詩云沙頭烟漠漠來往厭喧卑蓋自唐宋來如此是夕泊舟江滸風濤渺然

初七日荆關監督宗室炳君文遣人饋龍井茶白蓮藕粉辰刻渡江泒江自枝江縣東來分而爲二南爲經流北爲沱此內江蓋沱也渡江至虎渡口凡三十里又二十里至彌陀寺又三十里抵代家場泊

初八日行二十里至横溼口又三十里至黿空市名勝志廖解郁有黿空相傳吳孫亮時有巨黿鳴此穴也又十里至斡關又十五里至雙店又十五里至鄭公渡又二十里至四水

口又十里至瓦窰河泊

初九日行三十里至山查橋又二十里至界溪市集繁庶人家屋前高柳侵雲已入湖南公安縣境矣又三十里晚至霧口忽聞雁聲令人悽絶作絶句云水驛三千里烟鴻一兩行可憐風雨夕送我到瀟湘又行三十里而泊復有句云楚江渺渺卷層雲戌鼓無聲夜欲分帆腳西風蓬背雨蕭條併向枕函聞

初十日寅刻秦君贊遣人來迎且以手書見慰乃秉燭側牘答之辰刻過洞庭湖湖水落洲渚盡出絶無浮天浴日意午刻復雨沙雁叫羣連緜不絶晚至辰湖泊作詩寄寶慶同知江君恂清泉令程君夢湘皆舊日詩侶也是日行百餘里

十一日晴行一百二十里暮抵常德城外卽沅江長橋亘之

葢五代時雷滿所築者水烟渺瀰畧見微月

十二日換鰍子船行又有麻陽船者尤窄偪僂而入僅可趺坐則以供家人載行李酒食之用是日仍泊常德市巷笋橘載路値賤且佳不嘗此者十年矣但不得遺歸爲憾爾舟人告明日冬至也爲之累歔屑涕

十三日自常德行水盆淺清沿江烟郁如畫行五十里山腰松篠蒼翠微露精藍其下人家蒙密幽靚意路近桃源風景清麗爾許耶繙淵明集讀之感喟不已又二十里至周溪又三十里暮抵桃源縣無城郭僅如一邨落耳雲月昏黃檥舟岸側余詩云寒江無月水雲昏山縣凄凉只似邨仙犬不鳴鐙火靜行人今夜泊桃源

十四日陰自桃源行水湍急舟人舉篙枝拄隨勢所至輒背

臥船板上躍而復起盡力如此可憫也行三十餘里爲褒子洞兩巖盡石骨紆折處水盆瀰石如橫劍如覆舟如蟬腹如熊首如屏風如筍節瓌態百出尤巧者一石長數十丈中間石竇通透下插江底船子云此穿石灘也又四十里至羅家灣又二十五里至界溪泊

十五日晨行兩岸山勢詭瓌不可名狀過鷓鴣岩戍邏旁有神祠不審是何神也過祠里許抵虎子磯磯下側壁上有縴路鑿石所成劣可容趾絙鐵繩以援手云是下秋水漲時牽挽道也又里許臨江一峯卑椒秀出上爲明月庵庵前石橋横亘橋覆以亭爛然金碧又二十里至雷回灘水中亂石高低隱現亦有如三門雙闕者舟率從石罅中行漩渦濆薄久之乃得過又十五里岸旁石高者丈餘亞者數尺若犄若仆

若坐若危堞若頹牆或刻其首或平其頂如經斧鑿絕無膚
土直接清浪灘灘長四十里上有伏波祠相傳討五溪蠻時
經此過灘二里餘乃泊猶聞灘聲砰訇不絕是日陰午間微
晴夜偶見月

十六日雞初鳴雨沉沉下至巳刻風稍順然灘勢益急雨益
驟前山雲氣蒙之皆不復可見風水相搏船出其間心魂悄
然經芝草白榕北斗諸灘抵暮至楊家塘泊時雨歇西北風
起蓬艙戛擊刁騷拉雜永夜有聲

十七日陰風順張帆過橫石九溪等灘是日行五十里

十八日黎明開船自入灘後必辨色始解纜恐昏黑觸危石
也然灘自清浪以南已鮮奇譎絕險者行四十里過瀘溪縣
又三十里過辛女巖壁立水中如刀削然石色青黃紋皆圓

皴不滅子久畫本壁多竅穴最異者山半穴內如箱如船如楣檻諦視皆以木爲之或云仙靈所窟或云諸葛武鄉侯藏糧於此其說茫昧不可信然距水面二十餘丈決非人力所能到也其趾亦有穴大者如屋望之深窅有泉流出下注於灘色甚白是夜泊白龍巖下陰

十九日從白龍巖行舟人告巖穴內有刀長四五尺微露其穎惜淸曉未得見也行二十里有溪西流往麻陽道由此午刻次辰谿縣城緣山斜上郭外人家倚於峭壁軒窗整潔俱在林烟巖靄中余詩云孤城睥睨臨層嶂人家雞犬緣雲上下瞰澄潭綠於釀寒江鋪前天下稀碧雲如水生微颸灑我白髮寒絲絲竹林浮烟山欲雨隔岸哀笳落孤戍驚起沙禽拂帆去對溪一峯高五六十丈圓袤數十畝矗立溪水上上

有寺爲大西觀懸巖締搆簷以高樓丹碧迥出林表縣令以志來荒陋不可耐小泊即行至秀溪口泊

二十日曉晴濤暉所照山翠如沐溪雲炊烟翕藍簷白山外有山濃淡相次眞昔人所云不惟耳目怡暢亦覺形神清朗者過江口狽弔千畝田諸灘薄暮抵鸕鷀灘石戢戢出沒水中頗爲險滙

二十一日陰過蘆子黃溪洞庭諸灘惟黃獅滾洞最險蓋灘形至此三折亂石槎枒矗出兩岸閘水盆湍激然巖石絕佳覵清浪差小出水俱二三尺許亂立無行次余戲謂升之若移植江鄉爲流觴曲水正復佳絕也是日風順行百餘里晚泊玉瑚灘西風大作

二十二日清曉打篷索索有聲蓋霰也辰刻後霰化爲雨灑

漫盆甚晚過茲江入烟叢密五里許至連州灘灘石崆峴水勢洶涌兼以雲雨晦冥舟子牽纜久之乃過

二十三日天明行巳刻至瀼水灘沿灘而行水甚急縴夫數人不能挽失勢一落甚駭頃之復從旁上午刻至黔陽縣晚泊倒水渦行四十餘里

二十四日晨起大雪向來南雪落地輒消今至午始霽而千山積雪直接雲表瑤簪玉筍與翠靄蒼嵐相間山下人家竹樹雜以青黃眞一幅黃鶴山樵畫本第恐畫不就爾舟人亦云此閒下雪未有如此者殆造物以娛羈客耶篷窗眺望爲之叫絕晚過七十里長灘余有詩云茆屋杉籬不見門數椶殘雪印蹊痕半溪斜日孤罾捲時有漁人歸竹邨至高梁回灘最險今以雨後水漲牽輓卽過

二十五日微晴積雪猶未消岸旁石瓏玲嵌空徑圓不過丈尺許離立水中如朗人秀士太湖石不足道也過玉樹灣人家俱在石壁上此種景物郎西泠鄧尉皆當遜其清勝灣西有仙人橋石長數十丈而穹其下對岸有石雞作抗首佇立狀楚南靈異所謂不鍾於人而鍾於物其信然耶行五十里至玉蘭溪灘泊

二十六日陰巳刻復雨行七十里至沅州府過江心橋泊比曉殘月初出推篷而望雲水渺然

二十七日早芷江縣令金君成華來見金奉天人與余門人進士甯君有成相善蓋庚午孝廉也時新雨初霽聽事前寂歷無人市集亦稀少土瘠而事簡可想見也發船復雨徑官灘石炭諸灘惟惡灘石如青玉而剡其上居人取以爲硯及

界導墨牀之屬工雅可翫是日過灘泊

二十八日過大惡灘灘上石或側弁或平峙崚嶒疊出其色或赭或微綠皆如斧削成行至卞水布政使三君賓遣人來餽餅餌是日所經滿天星黃壧諸灘俱絕險而大小遲灘爲最上下水高低五六尺許石如犬牙如碁布傍晚過之頗有戒心

二十九日陰行三十里至晃水驛貴州境矣又十里至能溪黴雪繼以雨雨過溪山益蒼秀石楠殷紅與栟櫚篁竹相間山嵛人家小閣畫得溪山佳處山後復有遠山如睡如倚蒼烟濛濛不知造物何以作此絕境倘能卜居終老吾志畢矣行六十里至三疊塘泊

三十日過大姑諸灘灘益夥舟行琤潺不絕日暮抵玉屏北

門知縣同年戴君涵方謝事聞余來亟出見署令顏君光祖
長洲人亦來語至深更乃别玉屏爲銅仁府屬知府家丹宸
日杏癸酉同年生且軍機處舊同事先以書抵兩君言余至
必要往其署余以趱程急不能如約乃寄信謝之兩君堅請
俟回信再從陸路前抵鎮遠是夕泊北門灘風水甚厲
十二月初一日往見戴顏兩君入城芭蕉猶緑山茶作花甚
盛書所見云一畝誰家築考槃雪時景物未凋殘芭蕉滴翠
栟櫚緑偏與松杉伴歲寒
初二日顏君招飲聞玉屏有人家以工製簫擅名聲特清絶
問之無夙製者乃罷
初三日丹岌信同悯要往銅仁復作書謝之銅仁令許君椿
余門人也少具書來且言其母年八十矣未得迎養爲惋歎

久之是日戴君招飲

初四日戴顏二君以肩輿始登陸繞城而西遵潾溪行經獅子象鼻兩山野雞河貫其中河上有橋過橋後溪時隱時見二十里爲秋溪塘又二十里爲楊坪溪又十里爲漫坡塘渡淸溪入縣城過靜樂寺頗壯麗小憩飯畢行三里許至雞鳴關路忽西折盤旋而下右爲峭壁左爲長溪奔雷濺雪石細路古時有噴泉界道行二十里入抵栗子冲宿

初五日雞鳴起出門登山行十餘里始明至焦溪小憩又四十里繞山行如螺旋然俯視宛溪琮琤噴薄上有洞呀然在絕壁間抵鎮遠府入東門知府高君（積厚）來見談緬事久之令趙君（炟）亦來山東汶上人以同知攝事於此館舍在潾溪之陽隔溪望山寺門如畫風景約略秦淮而山水寒峭過焉

忽憶袁子才枚陶蘅川湘作絕句以寄之翠綃紅欄傲水亭人烟客舫聚寒汀分明丁字簾前路添得青山作畫屏殘冬節候峭寒天初月雲中欲上弦行客莫嫌箏篴少溪聲終夜奏冰絃二袁虎詩才老更蒼逼明高逸似柴桑誰知江左文章客獨上吟鞍過夜郎三抵暮度祝聖橋遊青龍洞次過太和洞一名中和洞洞中石如雲垂花簇深二丈許袤倍之左稍南復有戶可俯瞰也上泉脉二開坎滴作月池及方盂承之內有嘉靖九年知府黃啓英碑言於此建紫陽書院且立考亭祠於山半今皆無之又折而下石梯旁有丙申臺使者任國璽詩碑中句云溪靜烏喧青嶂裏月明人渡鏡函中詩既佳行書亦蒼潤遊者所當摩挲慨息也會昏黑呼燭遊乃竟

初六日辰刻行五里度文德關俗名油榨關又十里爲羊溪塘又十里爲相見坡兩坡對峙中隔小溪行者相去數里而彼此招呼如在尋丈坡路絕陗舁夫以繩屬輿併力牽輓而是日適晴尚不至艱窘蕪湖道李君 世傑以丁憂歸黔相見於此又十里爲劉家莊小憩飯已又十五里爲乾溪塘又十餘里至偏橋溪水直逼打杵巖下乃爲棧閣以通行旅故云偏橋宋時楊通賽以功授偏橋軍民左副長官今設長官司一左右長官司各一又設巡檢駐此里許入城宿

初七日行二十六里抵黃平州黎峨里游飛雲巖巖在月潭寺旁入門爲養雲閣巖在閣後高三十餘丈其穹如屋深可六七丈廣倍於深四石皆倒垂如龍如獸如瓔珞如有雲氣舒卷其間巖下龕以供大士其前三峯中一峯蓋小亭塑善

財童子象於中相去僅尋丈然不可踰別有徑螺旋而上頗側峭又前一峯亦有亭弆陽明先生詩碣惜未登覽也循巖而左地漸窪有洞去地二尺許深不可測僧人云夏秋泉水怒漲以洞爲尾閭其往不可知也今巖上水亦滲積於此折而東北復有洞深三四丈高八九丈石色黝白相間石鍾乳下垂游人可傴僂而入又從巖右折緣石梯上數丈石皆呀然如張吻其中一石抑之作鐘音巖前竹樹蓊蔚松杉數十本離立悉數百年物古梅方作花冰雪綴其間延佇久之下巖入寺伽藍頗荒落巖與寺中詩刻率無足觀者出門二三里爲東坡塘又二十餘里過平州館舍有夢花方蕊上人云開時大如椀其色正綠飯畢行上下山坡殘雪未盡山家籬落間俱有冰稜余占絕句云隔領殘陽雪已稀風迴石竇約

雲衣人家漸有初春意翠鳥唬烟竹半屏一沙際春歸草甲開尖於韭葉綠於苔可憐未作褭腰樣巳費江郎賦别才二家家修竹當門屏竹裏茆堂對石汀六枳籬中蔬圃綠矮鬆都傍翠瓏玲三小小肩輿短幕遮一蒲團地足趺跏夢回忽見寒山月空翠如烟濕碧紗四暮月甚皎至重安江渡口宿有城

初八日晨起渡重安江江水甚平寬纔數丈耳行二十餘里過大風洞洞一名雲溪道書稱爲蒼崎洞天其高廣可數丈石勢如怒濤如奇鬼崩岝可怖旁一洞深黑不可究按志自洞西出可通楊老驛因無炬火未及游也至其旁竇穴如門如牖者不可勝計又循石磴而北别有一洞亦谽谺數丈洞前有亭今圮行三十餘里至清平又三十里至楊老驛宿係

平越縣所屬

初九日行二十里過新橋兩崖壁立一澗中橫有橋跨其上瀑布三折飛下如雪如絮流入漁梁江又二十里至西陽驛亦平越所屬飯訖行道漸峻盤折而上不減相見坡將近貴定城十里許有瀑布數丈懸巖閒山盆峻蓋陽寶山也志云山脈自西北來諸峯環向遠者如拱如趨近者如俯如揖左右者如附如侍登山半羣峯若在几席閒山石瑩白名以寶殆不虛也抵縣治宿館舍甚潔

初十日行十五里抵牟珠洞寺院寥落殊甚僧命二童子爲導洞門高三丈許寬半之有石柱懸其中佛龕倚焉稍折而東甚黑乃秉炬入行數十武地沮洳兩石迫仄側身穿罅行又數十武石忽高五六丈循磴而上宿苔積乳甚險滑地下

石骨峻嶒如嶐巃土人號爲千秋田再進有石門高三尺許俯而入地汪汪有積水又數十武復有門益庳又數十武門僅尺許乃解裘匍匐入額幾塌土中又進數百武忽聞水聲如殷雷石逕亦陡落童子曰止矣下跅乃大壑有石柱如棖作龍盤結狀舉火燭其下雲氣蒸塞不見底亦不見洞旁作何狀童子云此中恒有物怪如馬上臥石牀跟印尚可辨也至其石奇譎巧幻如龍如虎如牛如獮猴如蝦蟆仰視洞頂高十餘丈或中裂壁落下垂玲瓏空嵌千態萬彙不可名狀約計所入三里許洞內旁復有洞深黑不能窮出視洞額署天然洞考天然洞在清平距此頗遠土人目爲牟珠洞第志載牟珠在貴定縣東二十里今在西南二十里豈志有譌字歟抑或據貴定舊治言之而志未及更正歟書之以質知者

過洞行四十里抵龍里縣治飯畢行微雪凌兢久之日暮乃抵谷腳宿

十一日行三十里抵省治過甲秀樓有所見不逮所聞之歎頭之巡撫良君卿布政使張君逢堯按察使高君積知府韓君極令高君瑋學政陳君鋆候補同知龔君學海皆來會先是貴州離平府古州土司楊枝先沒無子以繼子澤遠嗣其族弟楊大儒爭之控於兵部

上令阿公至黔與撫臣會訊至是奏言土司繼子襲職本有成例大儒越控已予杖責請自是土司乏嗣必分別嫡次長庶以次承立不得用承繼之子襲職致啟訟端

十二日高君積招飲乃行三十里至狗場小憩黔人市集每以日支為名狗場蓋戌日市集也又二十里至清鎮宿

十三日至安平令王君雨溥直隸交河人爲盧抱孫宅相欵待甚洽飯已行至水橋宿

十四日行三十里至安順府普定令杜君兆豐來會令客蔣緗銓亦來云曩在崑山尙明何蔡氏聞余名郎欲受業而未果具談黔山洞壑甚詳且云俟歸途時當導以徧游諸勝又行六十里至鎮寧州宿黔中夙有天無三日晴之諺今入境十日矣僅遇微雪而兩夕月色之佳不減上元風景郎輿人候吏皆以爲不可多得者造物殆憐此窮途以淸輝娛客耶余有句云鐙火蠻邨夕風霜餞歲時六千經遠道三五值佳期雨久雲歸緩山高月見遲遙憐香霧裏永夜倚簾帷

十五日行三十里過白水河河自山中數折而來水石相搏滿澗如雪故以白名水屈曲行二三里許忽斗落緣壁而下

瀑布長數十丈厚者如鋪雲薄者如縣悠揚窈裊如飛絮比及水面濛濛化爲烟霧志稱瀑布下水極深旁有洞名珠簾中隱神物宜或有之對岸望水亭頗傾圮未及登覽兩巖郵家山店俱在叢篁修樾中日對銀河傾寫江山如此一句無是可歎也過此皆土山戴石石拔地起率一二丈或數尺色如水墨玲瓏側峭無一圓刓者又行三十里至坡貢宿

十六日晨雨四山雲氣如海巖高路滑屨窘於險至郎岱稍晴過石龍打鐵兩關及拉郛坡均極險陗拉郛坡鈕侍讀汝驥以其不雅易名巢雲又六十里渡毛口河至普安州所屬阿都田宿是站屬普安境而驛事則安南令所辦也

十七日晨起微雨行二十里至花貢雨甚登老鷹巖路數十盤而上艱險特甚雲氣漭瀁僕從離十數武即不復見所過

竹樹青紅石林空嵌益奇四十五里至白沙驛宿
十八日雨曉霧罨塞候館前山嶂悉墮雲海中辰刻始行行
十餘里始薄霽過松歸關余有詩云淰淰寒泥滑棱棱石寶
虛泉聲迴木棧雲氣濕藍輿郵店三家市蠻田二歲畬招提
松翠裏未得聽鍾魚未刻抵上寨蓋普安州所屬也
十九日陰過庚戌橋殊整麗蓋鄂文端公所建者二十里抵
楊松塘小憩又三十里復雨泥淖深數尺晚至劉官屯宿
二十日晨起下凌凌如烟霧著樹草如雪蓋北地所謂凇木
介之屬也三十里至海子鋪小憩又三十里至亦資孔宿
二十一日凌甚行三十里入雲南境過宣威嶺上有坊額云
滇南勝境土皆赤埴山石若朱皴然又行五十里抵平彝縣
治令曾君[redacted]導予出城約三里許游青溪洞洞高敞內奇

石下垂如千萬游龍怪瑋不可名狀有抑之作鐘鼓音者皆鐘乳所成土人云洞深二十餘里洞復有洞左右穿透游者恐迷道牽以香步步誌其逕路乃可出非窮日之力不克竟也入二里許以炬盡止出洞依山行右爲小黃河以四時水色恒黃故名又行五十里至白水驛驛南寧縣屬距縣八十里令楊君與邦歸安人甲戌乙亥年間舊識也未及見

二十二日凌如昨行六十里至霑益州日午州牧汪君及楊君皆相送飯已行時宿雨初晴微陰薄冷道旁豌豆出七六七寸油菜巳作花矣行三十里至三岔驛又行三十里至馬龍州驛宿鹽道馮君光熊遣人慰勞

二十三日晨起雪旁午益甚行四十里至板橋之古城驛飯復行二十餘里經關索嶺即楊磨山上有諸葛武侯廟四圍

松栝千萬株冰瑩玉綴俱在銀海中而西風送雪皆有梅花香氣凌兢場湅中歎爲奇絶又行十餘里至易隆驛宿寒甚

二十四日晨起甚雪巳刻霽始行十餘里至河口有掉小舠行者又三十里過海潮寺寺額爲天然圖畫松竹青葱彌望下對嘉利澤澤外遠山重疊玉雪攙天落日照之多成異彩又行二十里至嵩明州之楊林驛宿

二十五日廣西巡撫宮公兆麟以雲南布政司陞任赴粤亦宿楊林來會談緬事久之既别乃行過茶亭雪霽泥濘特甚行六十里至板橋驛舍中紅梅辛夷花巳爛漫矣

二十六日行五十里至省治馮君醞入署頃之太守彭君理學政于君雯峻皆來會馮君言阿公以十一月二十日抵此駐一日以分養騾馬及撥運糧儲料草諸事區處卽行

二十七日晴暖滇省南門最盛值歲暮梅花山茶賣者盈市而山茶尤殷紅可愛是日立春始得都中十月二十日家信

二十八日學政于君招飲蓋余甲戌同年生也

二十九日在鹽道署度歲是日絕妍暖兩羈人相對殊覺惘然

己丑元旦晴登螺峯山山在五華山後有巖曰盤坤曰補陀層巒曲磴若螺旋然范制府承勳於康熙年建納霞亭其上下有幽谷瀏音二洞中爲圓通寺寺建於蒙氏元延祐間重修梵宇參差松柏蒼鬱昆明池繞其西南烟火萬家登覽頗暢巖隙詩版甚夥又有吳道子畫觀世音像及憨山大師觀世音變像二石刻甚工

初二日彭君以省志見貽得阿公入關之信先是

上欲出偏師擾緬始命從普洱進繼欲取道來卡落卓然普洱瘴癘多來卡路遠阿公里袞乃議由戛鳩出師阿公桂聞之疾驅以十二月初九日往蠻達會之使海蘭察桓山保等爲先鋒十二日出萬仞關十六日抵南底壩海蘭察等至戛鳩焚夷寨十數殲其衆千餘人阻南大金江弗能進隔岸有緬將蓋拉機寨聞大軍至讋不敢出因分兵掠南坎登乖埒有殺僇夷民辛者團五率屬五十餘戶降從之關內以二十一日回駐蠻達

初三日啟行馮君與諸君皆送於西門外沿池行三十里至碧雞山漢書宣帝時方士言益州有金馬碧雞之神可祭而致遣王褒入蜀求之褒文云持節使王褒謹拜南崖敬移金精神馬縹碧之雞處南之荒深谿回若非土之鄉歸徠歸徠

漢德無疆廣乎唐虞澤配三皇黃龍見兮白虎仁歸徠歸徠
可以爲倫歸兮翔兮何事南荒也又云昔傳鳳鳴其上士人
呼鳳爲雞故名山下有關小憩過關循螳螂川而西菜花盡
開香甚又十餘里至玉泉山之雲濤寺寺前洞穴嵌空寺中
紅梅二株及山茶皆盛開飯已浴於碧玉泉泉寬丈餘深二
尺許楊用修題爲天下第一湯蓋溫煖而無硫氣較他處爲
佳是夕宿寺中川水淙潺永夜不絕
初四日日出始行巖洞間勒詩數十首惜不暇錄也渡螳螂
川經鳳山二十五里至草鋪始飯又三十里抵老鴉關小憩
過此爲獅子口循山而行盤旋十餘折又三十里抵棟象關
宿
初五日踰兩山趾行七十里路稍平道中有石峯拔起旁有

庵曰石雲右有亭曰别有天其前山田如對風景幽絶至祿
豐山城僅如斗大館舍係一老貢生家頗雅潔庭前有滴乳
石二長各二尺許玲瓏嵌空如蜂房如蓮菂如笙匏籥孔竅
透兼而有之余所見石山佳者唯安寧州段氏家及此而段
氏石視此纔半耳把翫良久始行過江橋江源一出羅次九
滑山·一出和曲百花山至此合流橋建始于明萬歷年間嗣
後屢修屢圮今以板爲之一名永豐橋行四十五里許即入
山盤屈上下行三十里許至梅子箐大慈寺稍憩寺舊名法
崇亦建於萬歷中有碑陷置壁間其文淺率不足錄也僧房
頗幽靚庭前花藥盛開啜茗而去行五六里至響水關本名
蘭谷關兩山夾磵有橋跨其上鐵索爲絙歷以板復爲屋覆
之明成化間巡撫蘇文昇所建今名翙雲自此西皆叢樾密

箐高厓大壑路緣山腰數十折始度一山極爲險隘行四十里抵舍資宿自祿豐而西供役者皆猓玀中有妙猓玀黑白諸種不同楚雄大理蒙化尤多其役於有司與編氓無異

初六日晴行七十里至廣通又十五里至楚雄見知府同鄉張君應田蓋文敏公子也令宗人嗣芬來索題畫菊長卷

初七日早飯於張君署出西門由峩嵯山址行五十里至呂合宿於驛舍樓上連日風來每有香氣土人云此蠶豆花香蓋是時荍莢巳登盤矣入夜促織蟋蟀聲交作詢之云秋蟲四時俱有不足怪也

初八日出行因入春數日候吏戒勿早起以觸嵐瘴三十五里至鎮南州治又三十里至沙橋路頗平日色尙早欲再行以輿夫未備止

初九日行六十里至天神鷄鳴塘蟻封蛇徑彌望箐林憩飯巳風大作滇南地高每日巳午間風蓬蓬然起及晚而止復行三十里至普淜宿爲姚安府州境

初十日行六十里抵雲南驛過驛數里遥望靑龍海在杳靄間稍前過葉鏡湖湖中有石如鏡因名唐段思平得駿馬於此又數里抵清華洞洞石作赭黃色間有洞穴穿透第其頂窅僘少鍾乳石筍下懸耳洞中寬平亦無亂石齟齬而土性埴間以暗泉微滴往往令人磋倒土人云四五月間泉脈蒸湧兼以巖罅懸霤不能游也進二百餘步偶見天光穿漏地漸高進半里許洞石忽下僅劣容傴僂土益濘乃止導者云其深可二十里內有水一泓蓋龍潭云出洞覩層厓上故人嚴遂成海珊葉觀國毅齋皆有詩未足形摹百一也登輿日

巳下舂行十里抵倚虹塘始昏月色冷然兩崖水聲潺潺然頗覺神觀清越又行三十里過彩雲橋抵白崖山勢綿亘由北五里覆釜山來其西有懸香洞志稱玲瓏瑰異惜未及游入館舍巳初更矣宿

十一日從白崖行二三里過定西嶺是爲畢鉢羅窟寺名雲濤前爲露井樓後精舍三楹頗幽寂中懸惲南田畫幀而訊之僧白云此談君霞署趙州牧時所檀施也危厓峭壁林木蓊翳行六十里至趙州州牧楊文柏以事出在署小憩前有方池小亭殘蕉翠竹小桃方作花風景極幽飯巳循昆彌山麓行叨沐英更名定昆行十餘里過飛來寺景泰六年中涓某所修按察使沁陽沈君　爲文附置壁閒後殿最高可眺百餘里遙望點蒼山雲氣靉靆不見頂下爲西洱河遵河

南岸至下關即龍尾關也其地大理府太和縣屬令屠君可堂浙江鄞人赤水先生之裔以功魚見餉功魚出洱海為滇省諸魚之冠然較丙穴槎頭迴不逮矣

十二日由下關過天生橋橋倚峭壁路逕偪仄數十丈下澗水如鼓如雷如噴雪如濺珠如鋪氊飛絮處處與石鬥鱗甲怒生人又以白龍澗名不虛也沿澗而西山徑屢折澗寬廣處綠如瓜瓤傍山樹蓺殆無曠土五十里至合江鋪沿途柳絲垂垂間以緗桃作花風景佳絕山趾流泉時時淙潺界道又六十里至漾濞宿館舍前即漾濞江終夜有聲忽如風雷忽如纖絲忽如鼓瑟洱海一路向多烈風力能掣肩輿去兩日皆微風輿人以為得未曾有漾濞巡檢林天如方署館舊屬供事以南酒黃柑見遺獨酌淒然微醉乃寢

十三日行里許過雙雁橋循碧溪江行遥望點蒼積雪如雲覆頂初日照之生大光明又二十里過大覺寺稍憩經太平鋪又二十里抵橋下爲勝備江江自雲龍州發源入永平界會九渡雙橋二河達於漾濞又前抵野牛坪云武侯南征過立春打土牛於此考武侯以三月南征七月擒孟獲未嘗在滇過春蓋附會耳又十餘里過羅武山高出天際俛視大壑千丈老松如薺沿路山茶花紅殷巖谷而叢箐密樹蔥蒨蓊鬱其險巇絕處皆以木爲棧又聞水聲潺潺然蓋雙橋河水發源於上西里經此會諸澗水流入勝備江也十餘里抵黃連鋪宿

十四日行四五里登寶藏山一名觀音山行躋其頂俯視羣山若兒童然相傳武侯南征迷道遇一嫗呼犬從之往牛出

因立廟祀之至今尙存故峭亦以名二十里過萬松峭又二十里過松杉峭至梅花塘是爲天井鋪飯訖又過平巒峭尋甸關經寶峯寺共四十五里抵永平縣一路連山松木鬱葱蒙密縣城以銀龍江爲壕館在城外令宣君世濤以交代不在署遣人治具惟謹是夕有跳燈者皆僰僮與隸郎謳夷曲嘔啞難聽又聞促織諸蟲聲雜出林莽因憶內務府每年先購蟋蟀貯之密室至上元時移置鼇山往時侍直 內樓演放煙火秋蟲吟叫不絕其詳見高江村退食筆記中蓋沿明舊例也

十五日行數里上金浪山山本名博南水經註蘭滄江歌漢德廣開不賓度博南越蘭津卽此山爲蒲蠻出入之所箐樹最蒙密行四十里至花橋飯已又行五十里過雩西禪院頗

荒落而庭前山茶花特茂殷紅照半空又行三十里至杉木河宿望遠山野燒如數百火龍蜿蜒空際

十六日由杉木河行過鳳鳴橋三十餘里山勢斗峭蓋羅岷山也云昔有番僧羅岷居此因名山頂有江定寺余入遊見兩僧方畫佛意態蕭寂見客了不相關山折而下鑿坡開道曲折如之字俯瞰蘭滄江水色如碧玉霽虹橋亘其上橋東山壁有諸葛武侯祠幅巾深衣寧靜淡泊之意儼然如見孫叶飛見龍編修有對聯云江色照鬚眉公獨有大儒氣象山光明几席我還瞻名士風流其詞頗工志稱武侯南征始架木於江以濟師元元貞間也先不花西征易以巨木後圮易舟而渡明成化中僧了然始鑄鐵索環繞兩岸石上蓋以板蔽以亭行者如顛如蹷下視浪花噴薄如雷如雪石壁上題

云西南第一橋其長三十餘丈過橋復上山道亦險陗又十五里抵威寧哨石路頗犖确又四十里至官坡宿

十七日明撫軍使人相迓平君聖敬及保山令蔣君日杓皆來謁行十餘里見村莊中荒坡斷汊蓋青華海也館於府治前屋後有泉水傍墻流潺潺不絕晤明撫軍知阿公以十一月三十日抵此留三日卽行十二月初三日抵南甸已接總督印任事是晚撫軍以順寧普洱茶見餉順寧茶味薄而清甘香溢齒雲南茶以此爲最普洱茶味沉刻土人蒸以爲團可療疾非清供所宜

十八日奚君寅張君煥仲君鶴慶來會仲君儀徵人壬申科解元與予會試同年今爲四川大邑令張君吳縣人庚午舉人今爲湖南永綏廳同知蓋在金昌時舊相識也奚君武進

人乙卯舉人第二余將爲同考官故熟其名今爲湖南鄖令三君皆以辦軍須來滇者

十九日得　旨云進剿滙匪今年必須合力大舉昨歲已派京城健鋭火器兩營及成都荆州各駐防兵陸續進發茲復添派索倫吉林兵前赴軍營大學士公傅恒前經降旨授爲經畧擇日啓行總統一切進剿事宜阿里袞阿桂俱已授爲副將軍現在派員賫送印信前往阿桂既應統兵總督事務不能兼顧明德著補授雲貴總督其雲南巡撫員缺著鄂寧阿補授

二十日往見奚仲諸君北循仁壽通華兩門行經愷弟坊折至城西南人家庭院樊落間桃杏皆作花城南羅池水由水關以入城遶街市潨潨然有湍激聲人多引[illegible]有

穿廚竈下行而復出者因憶張玉田詞家家門臨流水蓋不虛也

二十三日訪楊升庵謫居故址今爲甲仗庫入視之有樓三楹頹壞不可憩矣樓下有人書黃夫人三春花柳律句庭前有桃數株余作詩云不信詞章士忠能叩九關呼號眞有厲衰老尙難還客夢三巴樹羈愁六詔山小桃紅欲染猶似杖痕斑一著謫多爲貴聲名愛更傳生徒稱六學文采播三宣爼豆知何日（先生祠未入祀典）松篁不記年朝陽樓閣上獨照斷腸篇二

二十四日奚君以鄖縣志見貽

二十五日戌刻地微震

二十六日雨

二十七日得　旨傳公以二月二十一日啟行
二十九日聞阿公里袞及阿公桂由盞達旋駐騰越令副都
統綿康總兵常青戍隴川侍衛海蘭察烏爾圖納遜戍盞達
領隊大臣豐安總兵德福戍遮放侍衛興兆巴朗戍芒市侍
衛玉林普爾普戍象達侍衛恒山保總兵常保柱戍永昌總
兵樊經文駐緬寧荆州將軍永瑞四川副都統雅朗阿提督
五福駐普洱共滿漢兵一萬八千人
二月初二日得錢冲齋受穀趙雲松翼書冲齋與予丁丑
召試同年由戶部郎中出為陝西興漢道三十二年奉　命
赴滇改授雲南糧儲道雲松以中書舍人中進士第三入詞
館出為廣西鎮遠府知府今以協理軍事來滇兩君隨副將
軍在騰越雲松以詩見贈有遂令日下無名士卻喜天南有

故人之何余作詩報之云瘴嶺千重絕域隣騰身汗漫竟何因冰霜驛路回殘歲烽火邊關託故人急難終憐青眼在窮交喜見白頭新中宵噩夢心猶悸脇肋槎枒敢再論 一 彈指前塵七載餘承明蹤跡駐跛如得錢沽酒挑燈酌乞米朝餐並屋居（昔君與余同寓教子衛衙者三載）蒲褐空齋家更遠耘菘舊約計還虛（君舊有耘菘圖）阿奴碌碌君須記只憶生平下澤車 二 鐵甲連雲戰未收毛錐何意雜兜鍪浮蹤約略同齊贅假面分明作楚優天入南溟窮鬼宿地過東濮盡神州小人有母知同感望斷孤雲萬里愁 三 一麾出守歷蠻邦又向哀牢擁碧幢方寸久知生五嶽前籌豈擬渡三江（阿瓦城一名三江城）鸛鵝方合將軍陣龜象終期屬國降金印果堪求斗大深譚還欲覬銀釭 四

初六日游太保山明洪武二十八年指揮胡淵倣金陵鍾山

之制闢西城而廣之羅此山於城內山半有法明寺頗閎麗明宣德年間建中爲玉皇閣傍有文昌宮關壯繆祠今爲僧人割據其祠實一寺也近日京城八旂及他省兵調至永昌甚衆無可居則以寺樓之再上爲諸葛武侯祠祠在山巔俯瞰城中衢巷繩直若方罫然登後殿樓見北門外諸山拱帶郡治氣象頗爲雄勝故古人羅此山於城內必有深慮也

二十日上年夏阿公里衮以軍務繁多奏請於廣東廣西湖南貴州四川各省各派道府丞倅牧令等官赴滇使令至是以軍務均有就緒奏留十七員餘悉遣歸本任得　旨於是奚仲張諸君皆得歸

二十七日奚仲及張君皆來取別升之以詩送張君還永綏云使君三吳秀好修服蘅茝蒼然八尺姿真氣動湖海楚南

分郡符荒城萬山碉司馬駐承綏所屬皆苗寨峒苗蟣[illegible]堅鑑
行旌載霜威扇以仁風凱馴擾同家兒瀋[illegible]義昨過
辰谿頌聲聽囉唻知君久被檄南征枕矛錄滄浪水涇涇哀
牢峰磊磊瘴霧蒸青紅冬夏亂花叢相逢黯魂銷旅館趁宵
朏小醜稽天誅如魚沸鬻鸞不生志請纓縻及懷亦每朝來
忽告行寒暑離已載忘憂背萲樹比潔陔蘭采屈指解纓筵
衙齋舞衣綵樂事愉還官何啻買三倍轉想來諗初淚濕朱
顏悅我聞漢毛生色喜祿養逮夷吾天下才敗軍有母在況
君材幹練賢勞冠牧宰及瓜承　國恩豈曰戰陳餒所悲放
逐臣薪火始逢改借籌懃自前負米苦不待臨岐重告哀庸
以風官采余和之云石交廿年餘同臭劇蕙茝豈期流落地
相遇近滇海意態仍昂俄胸次足壘碨去夏被檄來從戎戒

冑鎖功曹申常願從事得呂凱陳詩賦溫其毅誓最敵乃行
將逐檢驂取道出唎咪綠塗蹋篝篁俘敵夾鈹鏃寧憂南陬
南山水限與蠻師期尙未徵春信入稽蕾初逢藝始驚小住
蟾再腦謂蔟孖稞平鐫功附鼎鬲君言鑒微誠所賴良朋每
自從辭蒸湘彈指忽經載色養巳久睽浮榮何足采曉看雜
卉紅回首想服綵執詋勢非遙懷親情更倍念君歸緖般感
我淚痕涴二冬序潛移萬里信難遠登高望白雲下有子舍
在投荒媿無狀詎敢抑眞宰送君欲贈君援筆氣先餒懸知
覲蘐幃火令値初政入境父老歡迎門童稚待重展陔蘭圖
更憶蜀中家時君屬大邑令仲君鶴慶作墨蘭橫卷
三月初二日別明制府赴騰越時居永昌四旬餘阿公令冲
齋以書見招乃起程出南門四十里過孔雀廟微雨旋霽廟

蒸熱途間見黃果樹樹如千株萬株合併而成其枝下垂及土復成根與本合爲一大者數圍陰蔽芾數畝未嘗生花結實其材亦不中器用夷人云樹間有神往往攜酒禳賽於此又三十里至蒲纓　本朝王尚書宏祚蓋其里人是夕宿蕭公廟不知是何神也自永昌郡治而南氣候忽涼忽熱數十里內彈指不同遙望濃嵐漲霧瀰漫山址時供役者皆僰夷僰者濮之訛即書之彭濮左傳之百濮又譌爲蒲是以保山有蒲蠻蒲纓緬地有蒲甘諸名其人皆用布帕首持蔴筐貯飯於中隨所至摶取食之

初三日黎明微雨旋止行二十里至觀音寺啜茗小憩又十里至冷水箐又十里至打板坡懸崖密箐下俯奔泉路峭窄時方興工修築恐夏秋驟雨急瀑不能鞏固也又十里過乾

溝或云郎盤蛇谷為武侯燒籐甲軍處蓋齊東語耳谷盡至潞江一名怒江怒夷居此土司因以得名元時隸柔遠路明洪武間內附始置長官司永樂九年陞為安撫以線氏領其事令線維坤襲是職 江源出喀木至此循邦邁景陽而南為查里江又南逕茂隆廠為滾弄江又南逕石牛廠西至邦海速訂間為東卡渡又南逕蟹賣之西至猛蘿入於海江色深綠如油時大雨未行水勢尚緩土人云水漲時山坳巨石如舟皆乘流下 一日僅能兩渡四月初即有瘴氣矣過江十五里至八灣宿蒸熱殊甚頭涔涔然蓋濱水之區地勢窊下四山合沓環抱氣不得疏泄故然

初四日晨起雷雨霽始行迴谿短彴瀑水數道訇訇然砰擊怒流而東 里許登高黎貢山是山一名高崙一名昆侖岡

志稱東西各四十里蒙氏封爲西嶽造其巔可見吐蕃雪山明王驥侯璡討隴川皆經此初上爲磨盤嶺屈折峻峭幾不能留馬足順治十六年李定國集衆樹柵於此抗 王師趙布泰吳三桂等力戰乃破之又上爲五十三參荒林密莽近始開鑿樹皆撐天蔽日數千萬本雜以甘蕉栟櫚薈蔚杳冥道左石壁苔蘚厚數寸流泉沮洳蓋千古未見日色處也猨聲如小兒叫嘯不絕向所經數百盤而上者已俱在濛濛大壑中涼風忽生毛髮蕭颯昨日毒淫如易冬序行一十里至蒲蠻哨又十里至太平坡又十五里至分水嶺是爲騰越州界乃稍折而下又三十里至龍江橋江有數源一發源於七藏甸之明光河一發源界頭甸鹿馬塘一發源雪山之鹿雙河一發源喀木所屬春多嶺衛藏境也自此從隴川遠猛卯

經虎踞天馬關外西南流由速帕合南大金江入海其上亦以鐵索絙爲橋渡橋上嶺又二十餘里至橄欖坡宿是日也駭心怵目所見者未曾有夜不能寐乃以詩紀之疾雷隱轔南山陲猛雨曉霽收層霏舍輿振策不憚疲欲借僮僕同艱危舉頭巒影高厜㕒如蛇之路山腰繞旁伏礨佛兼貐狸夔魋所竄行人稀邇者吏卒初修治稍剷𦳝翳成莊馗天梯石棧通嶮陜三尺一級俾累綦駿馬行此旋飢疲十步五步鳴酸嘶萬千老樹擁幢旗腔楞腹裂攢秋落倒者臥地僵屍脽其根絡石縈纏絲密香花發香葳蕤貼雪一捻紅胭脂密香花如蠣㮞貼雪則下辛夷之辟也蘘密竹筀篣箟甘蕉葉大栟櫚肥蒼藤翠蔦纏柯枝十里不見行天曦但聞颯沓吹寒颸蠻雲潑墨春淋漓猿公什伯相遨嬉嘯萃連臂聲嚶咿呼烟山鷓兼子規雜

以怪鳥噫呼嘻酸聲如雨喧迴碕聽此忽覺哀纏脾雪山天際橫長眉爛漫衆皺兒童隨僰人三兩同蒙俱杉皮作屋圍樊籬茲山蒙段昔所私封比吳岳金天儀升柴瘞玉求蕃釐靈蹟久沒迷荒基東鹿尙書熊虎姿澤州於此偕驅馳磨盤之嶺干雲逵曾聞蟻賊鏖王師至今殺氣垂祲鑱層巔流水分兩歧懸紳鏘玉殊派枝五十三參孰詠咨艱難詰曲頗似之南詒我巳窮坤維德雲慈氏眞導師河山久識皆心爲大荒南居奚其悲獨惜此區雜怒夷蒲蠻浦卡自古遺坐致瑋麗無人知九州之外艮幽奇愧無巨筆磨天麾盤旋漸下龍江滄又見雪浪橫蛟螭

初五日行三十里至芹菜塘路頗平由塘而南漸下崎嶇犖确頗艱登頓又十五里山勢巳盡平疇曲隝水田漠漠郡家

多在修竹中杜鵑花開殷紅照西又十五里入城謁見兩將
軍且與冲齋雲松諸君相見蠻荒萬里重遇故人握手惘然
即宿於冲齋官寓贈以詩云青蛉南下路千層翦韭春深有
舊朋霜鬢年華經轉戰月鐙宴會憶同升[illegible]言同年有月鐙宴不須止
酒師元亮南來時相好者皆勸余止酒既抵昆明乃和淵明時以自警今冲齋日飲數琖而容色益壯乃知飲
酒受瘴之說求足憑也卻愧哦詩替右丞余過楚黔所作五律君謂頗似輞川話到更殘
運不寐挑跦彈淚論春陵一蕭瑟嚴關正論兵又聞授鉞重
專征銀槍分駐烽烟遠瀧川盞達龍陵皆分駐勁旅金印新頒壁壘更中
書璜賚兩副將軍印至滇已有臧宮圖遠略豈同樊噲議橫行小儒豈習
韜鈐術也試弓刀逭擊鳴一鼓角無聲夜漸分匡牀促坐息
勞筋客腮且幸同聽雨子舍空愁獨望雲鐵索橫橋逼急遞
時修龍江鐵索橋君董其事羽書匝地走雄軍時奉旨派京城健鋭火器兩營及索倫西白鄂倫

春兵並吉林水師成都荊州各駐防兵以次分起前赴雲南杜陵憤切成何補投筆長征在使君

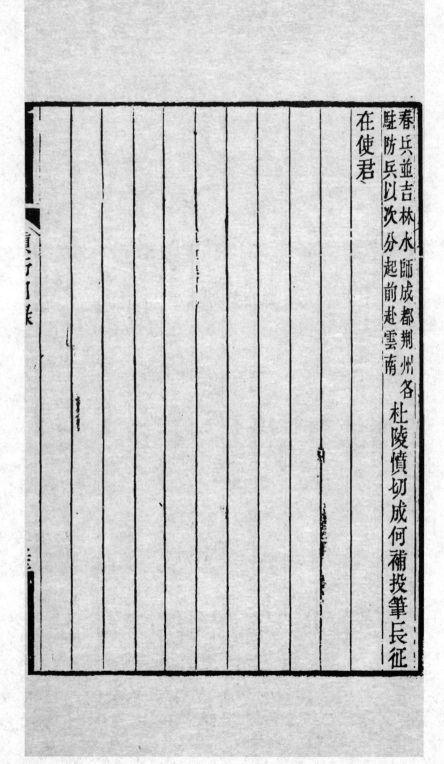

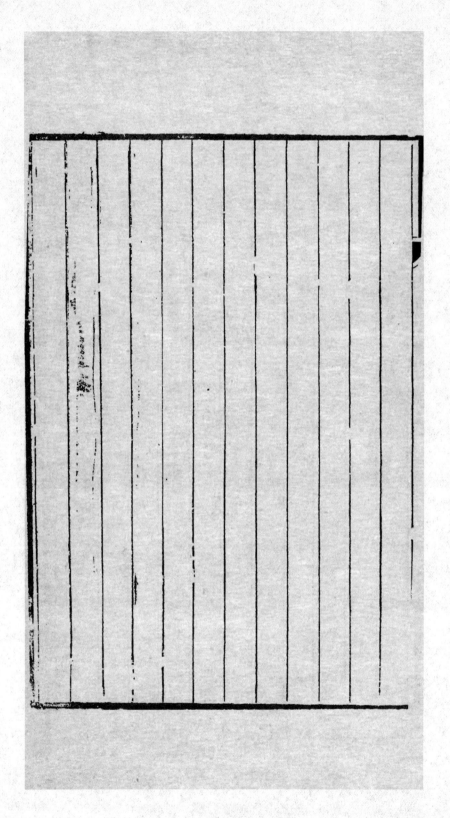

征緬紀聞

青浦王　昶德甫譔

乾隆己丑七月二十日經畧大學士忠勇公傅公恒定邊右副將軍戶部尚書果毅公阿公里衮定邊右副將軍領侍衛內大臣阿公桂奉　命征緬初緬酋猛駁承襲藉牙之後凌轢徼外各土司夷人咸怨求內附副將趙宏榜等以告總督楊應琚喜之令招蠻暮木邦土司降緬人聞率其羣醜泝南大金江上宏榜走還緬人尾之入關掠隴川蓋達干崖猛卯乃　賜應琚死宏榜逮問論斬而　命總督明公瑞以將軍督兵進討克木邦過錫箔江抵宋賽迷失道糧罄且賊以兵鈔木邦參贊大臣珠公魯訥弗能守自剄明公因取道大山波竜以旋師轉戰至猛育中鎗卒

上乃命經略及兩將軍大舉討之三十三年二月阿公里袞
先往十一月阿公桂亦赴永昌是年二月二十日傅公自京
師啟程
上賜宴御殿送之四月初四日抵永昌初九日抵騰越先是
傅公在京師欲伐緬舊事有言元時由阿宜阿禾二江水道
明王驥亦造舟於沙壩蓋南大金江自北而南宜由戛鳩順
流以下不數日可達阿瓦城且載糗糧行無輸輓費又聞戛
鳩江西路坦夷可以行車若一軍由江東進攻猛密一軍下
水一軍由江西指木梳覆其舊巢緬不足平傅公韙其言會
賀丙者戛鳩頭目賀洛之子以三十三年冬內附・詔送京
師遇傅公於途詢之言從戛鳩江渡良便且猛拱土司久欲
降及抵永昌因遣之潛往招撫且議造舟聞戛鳩樹木少遣

副都御史傳顯副都統伍三泰偕總兵哈國興出關度地抵埜牛壩言其地多巨材且距賊砦遠請於此製船料舁往蠻暮江滸合成之以出南大金江渡江由猛養可以直取木梳遂繪圖以上旣而賀丙以猛拱頭目脫猛烏猛來所陳如賀丙言且謂猛拱米穀多可佐軍食頭目歸當具舟江滸以濟師經畧等又以舟從蠻暮出南大金江若賊據江岸恐爲所扼令猛拱已具舟宜先從戞鳩渡江循陸路據蠻暮西岸則東岸兵渡江尤易且由戞鳩渡江後令猛拱頭目擇船可用者順流放至蠻暮又可添備東岸兵過渡也于是傅公帥兵五千八百人由戞鳩而令兩阿公由銅壁關駐埜牛壩蠻暮督船工俟船成阿公里袞率水師下南大金江而阿公桂狥猛密由江東進討時滿洲索倫西棘鄂倫春厄魯特四川貴

州及吉林福建水師凡三萬人尚未集又騰越以南瘴癘方熾而傅公謂師期早則緬不設備且遡者晴多雨少於是先於中元日祭前陣亡將士十八日祀山川風雨旗纛諸神二十日啟行是日天容澄霽雲日爽朗士女觀者如堵墻四十里次黃果樹又十里舍于熱水塘傍有湯泉熱甚

二十一日行十里過曩宋關又四十里稍憩南甸土司刀鉻鼎署其署與州縣相似又十五里次沙冲亡

二十二日經南牙山麓山逕崎嶇高下騾馬擁塞隘口久之始通老卒告余云前時明公統兵經此甚雨軍士皆雨立竟夜云過海泊江橋江源西番岡底斯東打莫朱喀巴珀山譯言馬口也其水流出爲牙母藏布江從南折東流經危藏地過什噶工遙爾城傍合噶爾諾毋論江南流經工布部落地

入滇騰越州爲檳榔江及是名海泊江逕旁多叢林密箐流泉注之二十五里至猛宋四十里至黃林岡四十里至干崖土司刀得泉署熱甚不減北方酷暑營于江滸江聲如風雷湍激甚壯

二十三日逾次石道齾缺若鋸齒泥淖實之頗艱于行過盞達湖上界木杓水澮沱見底沉沉南注于海泊江又十餘里見塔在岡上緬寺也六十里至盞達土司刀思儒署三十一年緬人入關肆掠署爲所焚僰夷遁散未集高原下隰可耕之地俱鞠爲茂草

二十四日分兵行阿公里衮先議同阿公桂赴野牛壩及是從傅公出萬仞關劉君竹軒秉恬內閣侍讀孫君補山士毅從傅公中書舍人趙君升之文哲從阿公里衮與余別皆泫

然傅公是日疾趨行九十餘里宿平山阿公桂駐盞達一日以息馬力

二十五日微雨過直崗河竹橋窄不可行乃浮馬以渡水深湍急幾致漂沒頃之漸開霽行四十里至翁冷駐營水草極美早稻巳結穗矣平野青蕪一望無際墾之皆可成上畝也

二十六日行數里雨望道旁山頂叢莽中畧見竹屋從者云此波竜人避緬冠來居此者沿海泊江行三十里下營距銅壁關可望而見午後晴

二十七日陰過太平街有居民十數家開市米肉詢之云江西撫州府人僑此行十餘里上山山路極峭滑十五里至關下無城堞樹林爲栅藩守汛兵新設者兩旁皆層巖大壑林深篠密雲霧蓊翳其間俯視甘蕉長數丈葉大于門出關路

甚平坦若夷人自南來攻關艮易并當時設關之意殊不可曉或云舊關址在南五十里野人境內今七關皆移近內地而龍漢關在猛尾昔爲走猛密要道今久棄亦無有知者蓋皆非陳用賓之舊矣三十五里至楊雙河駐淖更甚

二十八日陰沿途林箐益蔚薈蕪穢喬柯怪木搪撑枝拒高者干霄卑者貼地有横枝入土穿石而出復至數十丈者有連根倒拔所生槎蘖長逾其舊者間以巨藤下垂如龍胡蒙密連絡仰不見天日而香楠數十萬本皆合抱日照之葉亦香甚土人云蠻方有香瘴卽此氣也其下本流泉沮洳入夏久雨石罅泥淖至深數尺有及馬腹者三十里至野牛壩中四五峯無草木而冢其上余同按察使諾君穆親居之是時船工已過半凡大者四十容五十人次者四十容三十餘人

又次者四十以供絕流而渡而傳君以中瘴卒矣有野人早
立來獻瓜菜野人散處諸山人多少不一各自爲頭目統率
不屬於緬甸及各土司
二十九日大雨計各路兵至此者當一萬五千有奇計至蠻
暮船成進發時須米五千餘石今僅有三百餘石乃檄制府
明公 德 速爲輓運是夕得冲齋信云傅公以二十五日駐孟
弄二十六日駐奇木嶺二十七日駐來戛二十八日駐南底
壩蓋賀丙舊所屬之地也其地有水一道賀丙已備舟并令
索倫兵結筏傳公督率以渡又奏言止舟來戛各處埜人攜
佩刀於竹木叢密處砍闢路逕頗有恭順意云時冲齋在蠻
達經理兩路撥報接應諸事
八月初一日雨後午晴抵暮西北風大作殊凉夜靜聞刁斗

聲震應谿谷鏗訇鞺鞳不絕始知此山殆空中也是日猛密土司坎糯之弟波占薩來以進兵道路情勢告波占薩前于宮裏雁亂時偕其母避居猛卯因贅於頭目線當爲婿年二十餘歲頗明晰

初二日晴每日四山猨嘑叫嘯如沸明制府書來云提督本君進忠殁於龍陵

初三日紅溯野人來獻瓜菜紅溯距野牛壩四十里赴蠻暮所必經

初四日大雨及暮遣侍衛海蘭察往視蠻暮水草道路將以初十日前往

初五日雨蠻暮土司頭目景黑同官弄頭目卜興等五人來謁令三人從景黑由間道赴傅公軍線版二人從往蠻暮賞

銀牌及布有差
初六日晚雨
初七日雷雨外委陳作材同自新街聞緬兵在孟養屯駐耆
蒲蠻岡閉亦有伏莽且言猛密土司欲誘殺綫官猛綫官猛
猛密大頭目三十一年來附者
初八日雨晚晴月甚皎秋露如珠著衣皆潤
初九日大雨晚稍霽旣居此十日矣地高氣涼無炎瘴惟林
嵐四合雲霧羃歷陰雨連旬不解衣裝沾濕不可耐也是日
海蘭察還云往蠻暮有二道一由二龍宗火焰山一由紅溯
甕谷二龍宗道極崎嶇峻陗且臨江乃定由紅溯
初十日早行林叢蒙密倍於楊雙河頃之大雨驟馬騰蹴泥
滑如脂如餳徑復斗峭毋下岅馬虢輒溜而下至數十丈乃

止下有石陵如刀劍樹根如綢騾馬稍弱即苦顛蹶又有樹
楂竹梢刮人面目蒼藤如巨絙横亘道須蒲伏馬背乃可過
攢巒殊自危也沿路巨竹千萬挺歲久皆長苔蘚不復知其
爲竹矣過紅溯寨野人群聚而觀道旁山坡所種旱稻青葱
彌望行四十里駐營聞江聲噴薄甚壯即入南大金江之蠻
暮江爲盞達湖海泊江尾閭也夜月出林巒插天雲霧翕合
又列帳炊烟如曳匹練竊疑爲世外境云夜半雨復作
十一日子刻雨及晨冒雨行及午少霽過孟都山山峯界天
泥淖益甚瑧干野人若隱現灌莽閒斫樹界道恐馬騾踐食
禾稻也中有磵淸而駛詢之野人云是伊奴磵稍下爲甕谷
寨望見南大金江如線横于炎雲毒瘴中渴甚乞水野人家
即前所來獻瓜菜者瓢以飲之頗甘是夕帳幕不至覓得埜

人竹房房如舫式中隔三四層野人聞兵來先率妻子遁去是晚挈一僕居之撫夷李進朝爲析薪吹火燎衣竟夕不寐適經畧書來言駐南底壩者三日至初二日行三十餘里有積水寬十餘丈用一大木架以先渡隨率官弁伐木成橋不一二時橋就二千五百兵過畢抵南蚌其地一望數十里直接南大金江初三日行三十里抵南拐亦有水一道名南籠河寬四五丈深急夜半橋始成乃渡初四日行五十里抵戛鳩有木寨一蓋前此緬人令猛拱土司以五百人守允帽而蓋拉機以緬人一千守此猛拱土司不能供衆以是撤去望戛鳩江心有沙洲亘之須渡兩次乃議從允帽渡允帽在戛鳩上游數里時脫猛烏猛具十數舟來迎舟刳獨木爲之長而狹僅受兩三人不能渡馬議將筏濟之又言出萬仞關後

至南底壩山路險仄林木叢密且大雨泥濘故前月十五日啟行之兵及初四日始到而後起之兵計須八月望後到也升之亦有書來言行李不至者一句於此矣

十二日雨至午餘霽路淖如昨二十二里過東谷野人砦始出林莽又二十里至蠻暮其地三面距水蠻暮江在南南大金江在西南來湖在北南大金江夷人云從曰霍來葢發源衛藏下流經阿瓦入于南海南來湖則滙諸山之水而成由此望新街猛音約畧可見自土司瑞團借其毋印孃入内地夷人蕩析離居兩岸平田萬頃蕪没始盡種植者不及十之一二詢諸通事者云蠻暮舊城在江東此昔日貿易地也山後爲楞木係鐵壁關下新街之道三十一年總兵朱崙勦賊於此下營江滸雷雨竟夕水漾漾欲入幕從者築土垸以

之

十三日辰刻雨止衣服食物檢之悉梅黴蒸爛

十四日雨江漲甚營前來往者皆厲涉冲齋書來忽得家信萬里瘴鄉稔知太宜人眠食勝常差爲破顔一快

十五日雨竟日及暮稍止更餘微見月蛩語四起江烟渺茫不知今夕是中秋也

十六日晨起雲霧蓊合通事云袁地瀕江者每朝輒濃霧須日稍上始開朗也未申間驟雨而雷夜凉月皎始有秋意閱公牘新制府阿公思哈已抵騰越明公復以巡撫視事經畧書亦至言數日來雨多江漲巨木千萬乘流以下不能卽渡今水稍平率緑營索倫兵各一千二百八于十三日先渡其餘須望後渡畢由允帽至猛拱約行六日由猛拱至蠻暮西

岸約八九日計在九月初會合也
十七日晨雨午晴即熱蠻暮夙以炎瘴稱殆謂是耶薄暮雨子掠幕而過有賊船一自蘆葦叢出約數十人譟而西罷[illegible]注矢以待賊不敢逼也
十八日晴時山險淖深運糧不至會制府撥牛一千六百頭以馱船料於是擇馱牛中疲瘦不勝馱者分給軍士食餘則軒而風戾之作書與阿公思哈促其速運
十九日雷大雨
二十日晴薄暮得　旨以經畧渡江而西兵數少不足以壯聲勢命伊犁將軍伊公勒圖率兵接應旋得伊公覆奏言滿漢兵到騰越者二千三百餘名今分五起于十五日率以前往

二十一日晴福建水師提督葉君相德來於軍巳刻復有賊舟三延緣葦間久之舉礮而逝我船尚未成不得追擊也

二十二日木邦降蠻景黑來報云有夷人以八月初三日自交瓢回見南大金江中滚弄有寨係蠻暮舊頭目賀到所居今降緬代爲賊守滚弄者夷人沙灘之謂其地在蠻暮江南來湖出口處故賊於此據守

二十四日雨冲齋書來云經略以十八日駐邦木誧其地在江西岸三十里蓋公雖以十三日先渡因待後隊尚未成行

二十五日晨雨經略書來仍在邦木誧所發並得升之書言八月初十日江水盛漲而獨木船窄稍欹即覆渡十日尚未能畢也計至蠻暮會合須以九月下旬

二十六日微雨雷巳刻晴福建水師至者百餘人試船持刀

泗水出沒頗趫捷是日有蠻老高里古喇三砦野人頭目來
謁未刻官屯頭目布拉莽儻以夷書揭於竿立於江滸偵者
取以告使僧孚覺輩譯之云今非鬥兵時猛駁已簡八千人
往戛鳩復調馬兵及象賫鎗礮屯暮魯以拒大軍并于哈坎
爲備哈坎直新街即所爲西岸渡口阿公以　聞且以告傅
公言此必緬兵未集故爲恫愒語不足慮也緬書如唐古忒
字疊而右行書於蒲葉

二十七日晚大雷雨是時米盡糧不至搜於夷砦僅得一二
斛偶有旱稻兵士割以鬻之每椀率銀五六錢許

二十八日明公德復奉　旨署雲南巡撫時以容公寧阿調
貴州故也申刻有賊弄船來伺遣兵掩之殺三人二人赴水
遂獲其船以歸入暮得阿制府書言以初一日由騰越赴蠻

暮其騾馬疲斃及米糧不繼皆進兵適冒秋雨之故已封章
上奏矣
二十九日盞達撫夷張芹來云有披竜二名往官屯探聽知
緬目那表布率兵一千四百名以八月初十日過新街西岸
而北
九月初一日晴有賊四十餘人經南來寨使侍衛巴朗掩捕
之不獲
初二日大雨冲齋信來云為我購牛一米三斗附參將雅爾
姜阿至計可一飽也並聞傅公以二十二日駐懷年
初四日戶臘撒奸民蘇明燦貿易出關布拉莽攜令以夷書
來且述頭目中有衣錦者云歸告將軍此水熱地得之弗能
居也因奏誅之是日伊公勒圖抵蠻暮蒞以傳公出關已及

一月出戛鳩從後援應恐不及莫如徑至蠻暮東岸渡江來
援聲勢尤壯故至此
初五日總兵余文煥永平來于軍兩人領兵號二千餘人除
書識馬夫暨病者實兵一千三百
初六日總兵吳士勝病卒
初七日令野人持書往數布拉莽攛之罪諭以大兵水陸並
進無論年限不滅緬甸弗止是午復見賊船入蠻暮江口令
水師伏于江汊俟其至邀之會伏者驟出賊驚遁申刻雨傅
公書來係二十六日在猛拱河所發尚未抵土司所居
初八日傅公書來言二十七日已抵猛拱聞暮曾有賊萬人
約遣兵過江以攻其後且聞由猛拱抵新街江西有二道一
從蒼浦路近而窄一由暮曾路稍遠屬偵探以定所向

初十日晴早晚始有秋意卓午仍酷熱每食飛蠅群集粋盞皆黑金蝦蟆大數寸往往盤跚而出青蛇亦夕見梳篦間先是在騰越鑄大威神礮重不克舉乃命工人製範且於永昌運銅萬斤于銅壁關燒炭二萬斤用騾馬馱載以行令副將馬德盛都司蘇爾相董其事至是在蠻暮鑄成大礮重三千斤食子三十二斤將以舟載至新街

十一日布拉莽擾復貽蒲葉書言其酋已遣波猛乜緬綏東覺儻率人馬二萬船二百艘來俟請戰蓋恫愒也阿公以聞初傅公言野牛壩船料運至蠻暮時當令各大臣家丁與士卒同扛運以示均勞及是派兵三千人負之每六十斤爲一背凡二十日始畢

十二日福建水師遊擊黃海帥八十人由戛鳩順流赴蠻暮

至宋猛遇賊力戰死之
十三日得傅公初一日書言猛拱地方四千餘里土司渾覺年十八聞大兵至南歸河欲降因孟養人云大兵甚少而蒼浦蠻岡閒樊夷已爲緬人所脇且聚兵在暮曾將抗王師渾覺懼率家口遯往節束我兵躡之先獲其小妻及頭人與堂札復縱與堂札往尋得之渾覺率頭目詣軍門降傅公宥其罪時阿公桂以傅公抵猛拱已半月餘當進屯新街爲江西援應乃啟行五里抵蠻暮江江面寬半里許水色澄綠北岸山勢稍峻叢蘆雜樹風景絕佳西望江中多洲嶼其南合於南大金江候雨時乃渡又行一里駐營是夜月甚明山烟蒼莽山谷所云寒籐老木被光景深山大澤皆龍蛇也鞫所獲生口露坐甚久時逼近賊境日派精兵二三百名先行 國

語爰爾所爾猶言前哨也又令百餘人爲引導　國語謂之
噶齋爾器及暮令官兵距大營二三里擇要處設伏慮無謂
之布克申

十四日軍士渡未畢因留一日曩者過建業揚子江往來如
織輒笑天塹爲迂語今此江本衣帶水而阻滯如此以軍行
言之涉江豈易事耶

十五日由西帕江行江原于猛英折而北流入蠻暮江以達
南大金江沿江巨竹數十里梢雲拂地不見天日下雜甘蕉
數百本洵綠天也俯瞰江中湍急處如奔雷濺雪其平緩處
則瀠洄澄澈作碧玉色行四十里駐營營枕西帕江月出人
靜江聲益奔怒蓋是時晴數日矣

十六日江折而北軍從西行竹木青翠如昨流泉界道間有

稻田穠綠如毯已將吐穗矣膏壤如此而野人不能樹藝可惜也行三十里抵猛英駐營旁有竹房云頭目所居自野牛壩西南多高里種類兄弟三人畫地而居其行三者在此十七日自猛英行沿江沮洳頗妨馬足三十里出箐林又三十里至新街一望平蕪蠻暮江自東迤西南大金江自北迤南江流浩渺寬四五里許其中沙洲層疊隔江遠山蒼烟淡沱方池一泓是野象羣浴處江滸尙有野人舊竹寨云昔年兵火所焚餘者賊舟七八隻循江西岸沿緣北上且發礮大軍亦施巨礮以擊之抵暮望江中隱隱有烟火蓋賊到所泊十八日船成阿公（桂）令福建總兵伊君（昌阿）率舟師自蠻莫江順流而下巳刻將出南大金江賊率舟二十餘逆戰我兵發鎗礮禦之氣稍阻遷延南岸而阿公先遣侍衛巴朗出營

籠南帕據甘立空寨列兵江滸發巨礮碎其三舟賊窘迫遁走我軍鳴金鼓出口聲威大振滾弄之衆皆竄去有舟塗金者云是頭人所乘亦退而西侍衛烏爾圖納遜云甘立寨扼兩江會合處使有數百人守之舟未易過也

十九日僕人吳榮以所得經卷獻閱之則大陀羅尼神咒也用磁青紙泥銀書字畫頗質雅可喜本日俗傳觀音成道日也荒陬殊俗獲此奇勝詎非慈光加被耶此本經咒與宋知禮法師懺本異且後幅已斷爛如生還當裝池續書之

二十二日先是駐蠻暮兵才及二千護船工不能分應西路至是升之來書言傅公以十一日從猛拱趨孟養往往棄大軍率左右獨行以示勇乃分千人屬伊公勒圖渡江據西岸往迎之先渡至滾弄復由滾弄渡至哈坎地相距四十里而

南大金江從戛鳩來至此爲滚弄所東分支而下水勢甚急又蠻暮江南來湖雨水横出截之挽舟逆上兩次呼渡且有伏戎慮故不能速也傅公在邪亟力亦遣兵一野人夔夷各一持書來云自邪亟力過猛拱四十里兵尋取小道抵孟董在南來湖對岸渡江蓋繞出蒼浦上流也渡江後復由東岸溯干蠻暮取道紆折是以來遲且言傅公在猛拱出金市牛米軍食藉以無缺夔夷初逃避後亦稍稍來集渾覺獻象四傅公令人乘之持大纛以爲前導夷人望見頗震恐傅公挾渾覺以行且請勅禮部鑄猛拱宣撫司印以給之聞暮魯孟養賊僅數百爾始釋然

二十四日阿制府思哈至新街因有旨令守老官屯後路且聞傅公將至故來是日與衣聞緒曾相見家鄉兄弟同在

絶徼爲淒然久之是晩伊公兵始渡至滚弄

二十六日晨起聞鎗礮聲甚急頃來報云哈坎臨江木寨有賊百餘人踞守乃發大礮擊之而舟師又直抵寨下賊遁去大兵遂畢渡

二十七日距傅公猛拱啓行時已十七日矣計猛拱距孟養七站孟養距哈坎六站乃未得信恐爲賊梗又遣蠻暮頭人蒼模賫書往訊

二十八日四更傅公遣貴州兵楊馥偕蠻[illegible]夷賫書來蓋南桑彌所發者離猛拱僅三程爾詢之云暮會無賊人有台他布者先爲賊守二十六日燒寨遁去

二十九日聞伊公從哈坎西行遇賊柵徑前攻之賊守一日而去而傅公從哈坎東來故不遇賊午刻候人來報云峚林

已至乃復遣侍衛玉麟鄂蘭渡江迎之申刻傅公抵西岸

十月初一日丑刻雷雨卯刻從阿公桂及阿制府諾君以獨木船渡江江水將落頗平行數里過鐵幕江口又五六里至南來湖口經淺弄長二十餘里其上夷寨頗完整江田沙鴇長於人俛啄甚適巨魚躍水面如舟又十餘里抵哈坎見傅公及阿公里袞慰勞問疾苦狀傅公云昔王驥將十萬人臨江不渡而吾率二十八騎越數千里來此亦不壯耶望見江以東壁壘精整衆心始定抵暮順流而下歸江東

初二日傅公渡江來於軍

初三日領隊大臣綿康卒於龍陵

初四日子刻大雷雨雷火傷前哨者五人是晚傅公以足疾艮於行歸江西普洱總兵喀木齊布知府唐扆衡具言召散

乞降召散孟艮頭人遂其族兄召丙自立召丙內附散遂於三十二年侵擾九龍江其兄弟召猛珍召猛烈先獲正法其弟召竜緬僧亦爲大兵所得送京師詔釋其罪命國師章嘉胡圖克圖畜之惟召散逃入阿瓦久之未獲搆兵之端自此始今是否可允其降傅公令俟進兵後定

初五日先是二月中木邦土司綫甕團率屬掠緬孟戛緬頭目苗溫遣其頭人直列止蔦率兵來報孟戛之役爲大兵所敗獲莽禿等三人五月中傅公釋之且具檄文告諸土司言大兵進討務擒首惡有去逆效順自拔來歸者重加賞賚今莽禿賫以歸莽禿木邦腊戍人也歸以告苗溫乃偕之至阿瓦猛駁遂爲文使稱官孟持以來告隴川遮放諸土司言天朝如許降苗溫當來議定遮放土司遣人送稱官孟於營

初七日令稱官孟持檄乘木筏沿江而下以苣溫之降諭布拉莽攜亂其衆心

初九日晚賊於江滸鳴金擊鼓火光不絕偵者擒一人以歸訊之云在此領水師者爲賓啞得諾又有盞拉機緬勇將尚未到也在西岸領兵者爲定佳波

初十日辰刻有賊舟十餘泊西岸□沿緣泝流而上乃遣水軍擊之傅公及阿公桂阿公思哈□立江滸督戰我軍發砲洞賊舟賊稍退泊江中沙洲洲上有柵恃以爲固侍衛阿爾蘇納先率其徒乘一小舟衝擊衆繼之從柵隙中射斃數人賊潰走塗金船中有頭目赴水思洄去我軍躍入水斬之或云卽賓啞得諾也獲賊船六旗纛器械無算而是日西岸之賊潛從林莽中樹柵以逼我軍阿公里袞及伊公率六百人

馳往破二柵至第三柵路益窄我軍仰而攻創者七十餘人總兵寧珠永平皆傷於鎗及四鼓賊乃棄柵遁所獲纛長方丈許洋布所爲中繪菩薩天魔暨獅象馬虎空處皆寫梵字經云

十二日奏捷以所獲刀纛器物進

十四日得　旨賞猛拱土司二品頂戴其屬與堂札五品服

十五日報至

上嘉猛拱之降　賜傅公七律二章　志褒美

十七日阿公里袞瘡益劇因屬伊公勒圖阿公思哈督水師傅公同阿公桂帥兵沿江東岸行與舟師相援應復令千人運砲位從中路都水行官兵貲裝馱載隨焉其西岸兵則令總兵常青護軍統領伍三泰領之又檄先駐龍陵之兵四千名

由旱塔合攻老官屯

十八日辰刻行五里許出箐林時水稍落沿江白沙如坻行者頗適又數里方塘水色湛綠儵魚來往隔岸叢筠濤樾往往倒影池中瀕江汊港無算涉水數次二十里至冰伴駐營冰伴夷語銀錢昔有人遺銀錢於此因名賊在隔水沙洲上舉礮遣兵往擊遯去

十九日行五里許過江汊寬數十丈旱塔河上流也行者多岸沙頹塌成淖騎者不能下余令一僰夷負以渡及南岸益沮洳又三十里許高坂無磴泥滑如錫[illegible]上而復墜者甚衆時昏黑燭滅步行幾墜旁有掖之者乃得躍上又一里許至營林月始出江霧迷蒙距老官屯僅數里聞賊營鼓角傳呼隱隱可聽三更微雨

二十日抵老官屯相視賊柵有三共長五里許其實皆相連也柵尾迤邐屬於江中開渠引江水入之可泊舟時賊舟泊於柵下迤南我舟用大礮擊之相持至午未決而賊乘營壘未定忽出衝突會後隊夾擊之始退下營經畧副將軍居中西面賊柵塔尼布海蘭察德福等兵以次迤南鄂蘭等兵壘以次迤北賊礮越經畧副將軍帳上而東中于幕右大樹枝盡折頃之報阿公里袞以昨晚卒於舟次

二十一日副都統常保住公豐安兵一千營於賊柵南以擊其江中來往路伍三泰常青率兵亦抵西岸時緬頭目得楞孝楞等用船一百三十載兵三千起兩柵與東岸斜直伍三泰等緬兵繞其西北兩面及夕賊柵木杪皆懸火有頃鼓聲登登然雜以管籥侏離之歌傳呼以於西岸遠近相應和竟

曉乃輟

二十二日我軍用得勝九節劈山諸礟轟其柵賊掘窖避之瞰者升樹以望言柵中人少哈國興信之趣攻柵傅公阿公親往督戰距柵纔三十步許鎗子傷及傔從指揮益急鎗礟合下如雨烟坌漲天我軍賈勇以先而柵外有深濠濠內密布竹木籤及鹿角我軍下濠拔去之進斫其柵柵內復有木板楏柦不可猝破賊又擲鐵丸石子無算且厲鏢以待抵夜撤兵總兵德福中鎗卒公奎林亦傷於趾哈君國興議以乘夜內薄阿公止之是夕鎗子如爆竹迸落營中不絕水師在西岸亦鏖戰碎其二舟賊東西兩柵閒水急且有沙沚我水師恐膠於淺故舟未遽下

二十三日陰我軍劚樹株梱之爲禦火鎗具積賊壕上喧呼

作進攻狀誘使發鎗礮以耗其火藥比夜賊恐乘之發益急

二十四日阿公思哈降爲副都統以巡撫彰君寶爲總督是時謀焚賊柵而南大金江自四更霧起重如雨迄巳午始霽柵皆沾潤乃捆枯木及葦俟晚燔之塡壕而進賊先以草裹火藥擲柵外焚葦木殆盡其狡譎如此

二十五日晴訊俘知老官屯南巴窪章薄賊人以次築柵應援云柵木入地三肘蓋六尺也緬人築柵皆如此堅實故大礮輒洞以過不能摧塌

二十六日晴水師相持不決伊公及葉君相德決計直下斷其南來水路四鼓乘微月各舟以次發出賊不意我師發鎗如雨且大譟獲其舟二俘十一人餘賊舟退檥水柵下我舟進泊西岸沙洲水陸軍皆爲氣壯訊俘云布拉莽儻在江東

大砦盞拉機在其前緬人謂此爲前蓋有塔之地也聆旺模來閱形勢住江西不敢進其西岸兵得楞人爲多申刻哈君國與馬君彪復以火燔其柵賊於柵上先鞔土壓之復沃以水火遂熄先是　命傅公第四子福康安來滇省視以八月十二日回至避暑山莊復　命
上嘉之授爲二等侍衛且　命直　乾清門九月初三日復自木蘭衛　命定省是日抵營蓋
上已知經略病云
二十八日辰刻賊以矢射蒲葉書於軍言欲議降又江上軍士得賊書譯之蓋約江西之賊乘夜襲我也備之不至晚補山升之以詩見示次韻答之云料量劍箙與弓櫜時向蒲甘問去程解帶擬陳攻壘具張帆頻望下江兵負嵎賊已同狼

賾穴地人方等蝨行仰首憑誰占泰壹陣雲如墨壓山橫身如三尺倚牆槃瓠落雖期匠石程束縕自維喧瀝馬饋漿親問裹創兵瘴烟入夜緣壕起礮石凌風傍帳行刁斗聲中心欲折憂時頻按劍鐔橫

二十八日福侍衛康安歸京師

二十九日馬君彪闢地道成深數十丈納藥其中欲裂地以陷其柵火發柵軒軒然欲拔頃之如故以貫串堅弗能毀也馬君又用生牛革爲長絚維巨鉤投於柵杪役數千指曳之力急絚輒斷是晚有緬人息覺者困於役越柵來奔

三十日詢息覺知蠢拉機自阿瓦來助布拉莽傑拒守是夕葉君相德病卒

十一月初一日布拉莽傑以渾覺嫉母書來言汝年少無知

爲大軍所挾不念母及兄弟皆在阿瓦令將彼此議和其居間善爲辭說時伍三泰等在西岸攻柵賊潛穿林箐來援先依山爲柵次移而前以柵自護從柵上發火器又於江岸立柵以鎗礮擊我舟舟時有損裂乃移泊沙洲亦蔽以柵始得稍安而賊人由江西饋江東鉛丸火藥糧米者如故

初二日得　旨阿公降參贊大臣以伊公　勒圖代之

初三日雨賊復射書來言兩日不攻柵何也當以初十日決戰是日得　旨令總督彰君　寶來老官屯相度形勢計將來善後事宜

初六日晴攻傍江小寨卽盞拉機所守者弗克是日升之以病歸騰越余送以詩云前生出家人一念逐仕宦皇天警其貪遂使歷憂患家鄉在勾吳骨肉隔京縣炎陬瘴癘蒸軍壘

烽烟亂覲危有萬端經歲閲已徧差幸聞道早生死齊夢幻礮聲夜盤空過枕了不眩誰知今送君老淚轉飄泣與君共覊孤哀鳴等連雁相依萍偶聚相別圭屢預騰衝灘瀨邊烟螺映林館藥餌足自醫水土况平善裸夷尚未誅安能定謀面緣江柵砦壓排日事攻戰他時倘死綏馬革本非戀隨地有青山荷鍤最稱便君其賦禮魂荔蕉薦几案披髮下大荒一笑激奔電

初七日得　旨巡撫明公褫頂戴仍暫署雲南巡撫事前總督阿公思哈革副都統在軍營効力贖罪

初八日馬君彪來云礮臺此夕就以擊賊砦必不能支也是晚懷升之復次前韻寄之云昨宵絮語對燈檠忽送歸人又一程揮袂便辭磨盾侶望關恰趁運租兵早塔戸牖頻憂伏莽今與運糧軍士

同行可無他慮肩輿最喜獠奴便輿者皆南甸盞達僰夷手劍先傳驛吏行傳公傳行各驛護送入關永夜相思如念我水雲深處大江橫

初九日抵暮賊復以書來求息兵其詞稍遜偵之云昨舉礮殲其大頭目故如此

初十日傅公檄其頭目言欲息兵當遣人面議頭之賊節蓋來節蓋小頭目也哈君國與言汝緬甸有三罪名散擾九龍江大兵捕之逃匿緬境屢檄不還罪一犯我隴川猛卯蓋達掠其人畜罪二三十二年大兵至楞木汝莽聶渺遮速窮蹙乞降願貢方物且歃咒水爲約旋復食言轉入萬仞銅壁諸關侵軼內地罪三節蓋曰今如莽聶渺遮速所言未審可否令君曰果如約當聞于經畧將軍乃期以明日來議

十一日猛駁聞新街之敗且知老官屯圍久傷死者多乃奔

書囊以紅毯封以紫膠譯云內外有界緬未敢侵　天朝尺
地何以屢見征伐往年遣人持書議欵久之未報今又圍老
官屯未審欲如古行事抑欲戰耶蓋求款也而昨所來節蓋
因猛駁有書不復出見

廿二日時緬書已來一日尚未答阿公詢之傅公云此大事
豈我輩一兩人可定宜謀於衆及詢之領隊大臣及侍衛等
皆云此時兵勢度未能進願以緬人乞降罷兵傅公方病頷
之是日得升之抵蓋達信且以詩見示復次前韻答之蒸盡
松明當短檠何時馬首指歸程聞雞起舞朝催戰捫蝨繼談
夜論兵師老難期何日下年衰羞逐衆人行羨君歸憩藥闌
甚藥裹書籤自在橫

十三日檄告猛駁言緬既懼討當如吳尚賢時納貢遣邏

掠兵民其木邦蠻暮猛拱土司遣還故地毋得擾害如奉約
當奏聞撤兵頭之布拉莽㒓出砦與哈君相見乞降
十四日緬人出見經畧副將軍願如約永不犯邊乃具奏陳
請且言原調兵二萬七千今存者不滿一萬三千乘其酋長
求降謹以便宜從事並乞治不能平緬之罪是晚先撤舟師
十五日撤西岸兵時護軍統領伍三泰先卒總兵常君青來
於營
十六日緬人胥馬兵頭目藉萬基猛駿妻舅也帥其侶十三
人出砦求見諸將帥面議事乃遣哈君國興同明亮海蘭察
洛青阿明仁常青馬彪依常阿于文煥雅爾姜阿等會議往
見列坐國興復數其犯邊之罪藉萬基云緬地大所役諸土
司多或有罔知法度侵軼中國者不能稽察禁戢王子之過

也各頭目言往年因吳尚賢入貢乃係先遣人來今亦當如舊國與言尚賢本廠長藉　天朝以壓服蠻衆故爲此　天朝聞之已正其罪緬甸與　天朝大小懸絕理宜小先事大緬人無以應又言猛拱土司在此宜歸我國與言猛拱土司已令入　覲覲回令歸故地不歸緬也議久之至二更始定國與又言汝國越在海裔不知藩臣禮往時來書有晉珉飛刀飛馬飛人有福好善國王等語鄙倍殊甚茲納款入貢當具表文文首行書緬甸國王臣某與安南高麗各外藩等萬基云謹授教目其左右書以歸

十七日發家書以撤圍告是日得　旨復命阿公桂爲副將軍而阿公里袞所遣副將軍缺令伊公任之

十八日鑿大神威砲沉之江焚舟册緬人乞舟不許

十九日撤兵傅公先行緬人陳鼓樂請哈君入砦令其衆跽而迎且求通貿易視其砦凡五層横豎貫串皆鈎心鬥角布梯其間上下深塹又闢地爲窖深三尺周于砦内每窖僅容一人坐立蓋用以避礮而離伍又易察也其嚴密如此日晚緬人進錦帛毦毯百餘端以獻經略將軍而進魚鹽糖菜以犒官軍傅公以錦毯等物奏進之是夕傅公駐旱塔

二十日阿公留駐老官屯傅公駐戶游得　旨聞官兵多染瘴如勢不可進當以便宜蕆事

二十一日阿公盡撤老官屯之兵赴戶游伊公及哈君國興殿是路小有陂陀箐林蘙密與洗帕猛英相等是日令興堂札送象赴京師

二十二日行十餘里俯視巖麓水潺潺然自是陂隴出沒石

細路古頗艱行走四十里駐營山頂西望南大金江猶橫列烟際云適制府彰君寶奉旨來於此相見

二十三日四更行穿深篁密樹中其地爲風日所不到而竹露沾浥土膏特甚行三十里天始明至馬膊子路崱屴其南可通老官屯三十二年春參贊大臣額爾登額撤兵至此幾爲賊所截故前令四川副將雷承天以兵五百守之自此復過一山有城闕狀者相傳爲諸葛城蠻人重公有故蹟必以公命名又有石道遺址蓋明時此路直通孟養爲貢使及貿易人往來要道故作此又十餘里至墨石河駐營冲霽來見閱邸鈔知歸愚先生以九月初七日歸道山矣是日長至得詩云昨歲湘沅路孤舟涕淚頻今逢長至節翻作再生身烽火驚初定邊關望漸親墨石河距虎踞關二舍祇愁衝瘴久老病欲

布政使錢君 度 見握手相慶

初六日行壞道流泉頗窘馬足風益寒望遠山有微雪蓋自沙沖口至此地形漸高故耳抵騰越復寓城東李氏宅余曩有詩云雲嵐問畫堞繞屋無聲詩滿庭翳花藥素向艮在茲者此也

初八日騰越曾家梅向最有名晨往訪之則老幹皴裂數片疎花數點眞數百年物主人云某祖於元時以達魯花赤來此元亡遂爲魯姓又出城游龍泉俗名疊水湖奔湍噴薄下墜如烟如雲聲如雷亦奇勝也登龍臺觀後有武侯像

初九日從騰越行棻圃竹林平疇遙嶺人家曉閉有若畫圖令人如望并州也抵橄欖坡宿得 旨以經畧病痾卽不得老官屯亦宜先回騰越調治且命副將軍等設伏撤兵以防

抄截

初十日曉行風急天淸較春夏經過時氣象稍別抵八灣晚飯趁月行抵潞江江水已落亂涉殊易宿於民家砍竹煮茶飲少許卽睡

十一日抵蒲縹

十二日抵永昌寓於袁氏宅袁爲永昌舊家兄弟五人文康文典皆孝廉文思文揆文燕皆諸生子姪讀書應試者多閑庭闐靚花藥紛如其子弟皆出見請業

十五日傅公及阿公（思哈）暨參佐諸君於永昌府署池亭合樂置酒余呈句云池曲晴暉傍檻明笙歌叢裏列羣英徒誇邱仲工吹笛誰倚桓伊善撫箏入坐風霜催歲暮當筵鐘鼓樂時淸飄公借箸休三歎閫左齊聞快息兵

十六日時傳公舍龍泉池亭因往游焉池廣二百餘丈修倍之一名易羅池在九隆山麓隆俗訛爲龍云九隆氏弟兄皆龍也昔浴於是故名緣堤而北入門有屋三楹水作淺碧色初日始照瑩然見底底皆金沙泉湧竅升纍纍若千萬珠池中有亭登而望則哀牢太保諸山若環若屏水木明瑟烟嵐瀟照如置身於清冰寒露之玉壺也壁間李學士中簡詩頗工其詞云一百五日天氣新三十六渠春水漲（龍池下注三十六渠）坐惜鶯花令節過來追觴詠龍池上龍池風景城西南碧草芊緜瀰遠望屢穿曲岸逗烟津豁眼垂楊低畫舫新荷平鋪饒妥貼逆鐘孤抽空倚傍山川佳麗客後來臺樹玲瓏誰始創細檢題名無故老劇憐磨盾輸飛將千金百戰想風流白髮青山對惆悵（池上有明鄧子龍一聯云百戰歸來贏得數莖白髮千金散盡惟餘湖上青山）池心搆

亭發與孤水面看山得神王最好冲瀜窈窕中玉壺風璧生
微浪回身俯檻窺水源蟹眼松風迷想像不知地脉濟南通
（濟南泉水皆如湧珠）錯假天漿帝臺餉遥見紅氍作薄遊正逢象板邀
低唱堤邊桃柳認新栽牀腳龜魚鱗舊放佳地全分西子湖
秀岱小亞南屏嶂春蘭秋菊不同時地角天涯肯相讓已知
勝蹟須品評況復塵蹤得覓贖鴻爪安知鄉夢遥龍槎一任
蠻碑妄坐深雨腳送殷雷向晚蟾光窺夕張歸途不用鳴騶
喧清景隨緣余所尚屋後有忠義祠祀漢以來死事者山坡
有廟蓋古龍泉寺今以奉龍神云

十九日傅公啟行先是公至戛鳩猛拱船絶少而土司又先
遯去於是知賀丙所言皆妄因留於戛鳩不令從輩而賀丙
亦以侵奪允帽夷人為所控公益厭之及大軍回屢檄不至

遂自竄於萬仞關外
二十日得 旨緬地水土惡劣官兵多病不宜復執直搗阿瓦之說今緬酋奉書賫詣軍門籲請貸其聲討姑從所請以完此局至傅恒承命經畧職分應爾不得以爲非是是日又得 旨以阿公思哈爲吏部侍郎
二十一日阿公思哈還朝
二十二日布拉莽黨賚蒲葉書來呈馬君彪請開商禁以通貿易時各兵分起撤回滿兵第一起以是日起程閩兵次之川兵又次之黔兵又次之
二十三日得 旨令伊公勒圖入 覲再赴伊犁並撤普洱防兵
二十四日伊公勒圖還朝

二十五日陳綱齋文燦以詩稿見示五古勝於七古七古勝於近體然五律亦饒風致如竹簟招清夢蕉窻響暗蛩寒花猶戀蝶疎柳不藏鶯有道寧妨拙無生始出羣晚花寒更白殘蠇夜微紅句皆可摘也綱齋楚雄縣人余門下士時方爲騰越州訓導是夕微雪

二十六日迤西道博晰齋明攜酒及歌伶秀郎過幕府清讌終日余有句云舊唐雲樹渺天涯細柳軍中過使車月底歌仍傳北里鐙前酒已唤西家論交共憶三條燭卜歲還占六出花猶話石渠故事在紬書簪筆傍宮鴉

二十七日出北門循沙河至諸葛堰登寶山寺寺刱於蒙氏異牟尋今存精藍十餘楹登樓以望則邨墟相望四山圍合而經函中如維摩圓覺諸經皆善本又多手自校讎者義學

沙門邊荒所罕見也

庚寅正月初四日自永昌啟程晚抵杉木和宿微雨春寒頗峭余有詩云亂山迴合無路通稷雲斷靄含空濛初陽一痕照溪曲忽見候館依巖東新年埜逕少人跡戍旗影出林梢紅乍聞松飈振颯沓更盼竹雪紛玲瓏始知蘭滄五更雨已化玉屑飄天宮念我經時涉炎徼要使毒瘴春來空深知清寒沁臟肺何啻香水滌心胸月光三昧夙所習流涙豈免塵埃蒙稽首山神藐姑射覡此絕景誰能逢幽禽喚客琴筑同下應碧澗泉琤琮明晨更躋傳南去橫眺西嶽摩高穹點蒼蒙氏封為西嶽

初五日曉雨及午晴抵太平坡宿

初六日由漾濞抵合江鋪宿

初七日過龍尾關博晰齋先令太和縣知縣屠君取點
蒼山寫韻樓所奉升庵先生像請予題句成七律一首書之
卷中幅巾道服柱笻杖一僮作捧書狀風流儒雅真吾師也
經趙州宿於白崖時蔣檢討鳴鹿來謁憶丁亥初秋檢討别
余京師分此生不復相見矣今干戈瘴癘之餘生還握手翦
燭絮談相對如夢
初八日由雲南驛抵普淜報至阿公授禮部尚書
初九日自普淜抵沙橋大雨日暮雪作甚寒三更止於呂合
飯已雞角角鳴矣遂行
初十日過沙橋經楚雄宿於廣通
十一日宿老鴉關
十二日抵省寓五華書院蓋鄂文端公爾泰督滇時建後有

堂奉文端栗主時初罷兵又逢元夕鐙火夾路絲竹駢闐滇池富阜殆不減中原

十六日總督彰公巡撫明公招游近華浦小宴

十七日定議裁曲尋永北楚雄三鎮增騰越順雲龍陵營協兵額以蠻暮土司瑞團木邦土司綫甕團及猛密頭目綫官猛安置大理府分閑田以贍之禁奸商恤邊夷並俟緬人入貢後貿易貨物諸事宜

十九日拜擢經略北還因各省官兵分駐邊尚未盡撤阿公暫留昆明部署尋又奉

旨令同督撫核算

征緬紀畧

青浦王　昶德甫譔

緬於唐爲驃國至元始爲中國患世祖成宗數發兵征之未嘗得志及明正統間以麓川思任遯緬萬歷間以緬酋莽瑞體勾結岳鳳入寇用兵前後十餘年事具元明史　本朝定雲南李定國挾明宗室由榔入緬　詔公愛星阿偕吳三桂以兵萬八千人臨之李定國走至孟艮不食死緬酋縛由榔以獻遂班師盖未及責以朝貢也緬地亘數千里其酋居阿瓦城城三面皆距南大金江發源於番境至蠻暮南來河滙之至速怕又合猛卯江及近阿瓦之堵槃營則錫箔江又入焉南流以注於南海沿海富魚鹽緬人載之以上行十餘日抵老官屯新街蠻暮粥市邊內外諸夷人皆賴之而江以西

爲猛拱土司地出虎魄江東爲猛密有寶井多寶石又波竜山者產銀是以江西湖廣及雲南大理永昌人出邊商販者甚衆且屯聚波竜以開銀礦爲生常不下千萬人自波竜迤東有茂隆廠亦產銀乾隆十年葫蘆酋長以獻遂爲內地屬然其地與緬犬牙相錯十八年廠長吳尚賢思挾緬自重說緬入貢緬酋麻哈祖乃以馴象塗金塔遣使叩關布政司等議郤之而巡撫圖爾炳阿遽以聞

上下禮部議如屬國入貢例其冬緬使還至順寧聞白古夷人撒翁起兵攻緬緬兵敗麻哈祖逃至約提朗爲白古所得沉之江撒翁據阿瓦五年而緬屬之木梳頭目甕藉牙復以兵攻走白古自據其地時甕藉牙起於木梳而緬人尊其主曰莽達剌以故緣邊夷衆或稱爲莽或稱爲木有司不及知

謂夷種別有二其實皆緬甸也自明初葉立緬甸孟養木邦爲宣慰司蠻暮猛密爲宣撫司勢力相敵莽瑞體後諸夷稍稍服役於緬至甕藉牙立令頭目播定鮓等以兵脅諸夷於是諸夷震懾東至整欠景邁孟艮猛勇西北至猛拱及木邦蠻暮均爲緬屬旣而甕藉牙以攻暹羅渡海雷震死子懵洛立未幾亦死弟懵駁嗣其位麻哈祖舊臣宮裏雁者本宋賽錫箔頭目不附於甕藉牙約結歨木邦攻之兵敗逃入孟連而土司刀派先婪索不已其妻攘占怒縱下焚殺總督吳達善奏誅宮裏雁而木邦土司罕莽底亦兵敗走死懵駁立其弟罕黑緬人由是益無顧忌矣明萬歷年間巡撫陳用賓因永昌府近緬設八關以控之八關者萬仞巨石神護銅壁鐵壁虎踞天馬漢龍也漢龍久屬猛密餘七關皆無險阨可守

山箐間小徑在在通人行自永昌迤邐而東爲順寧又東爲普洱其邊裔亘蓋二千餘里永昌之盞達隴川猛卯芒市遮放順寧之孟定孟連耿馬普洱之車里數土司外又有波竜養子野人根都狢猓濮夷錯雜而居非緬類然多役於緬土司亦稍致餽遺謂之花馬禮由來久矣暨緬人內訌禮遂廢甕藉牙父子欲復其舊諸土司弗應乃遣兵擾其地而普洱獨先有事二十八年劉藻爲雲南廵撫額爾格圖爲提督是冬緬人先遣刀派先之兄刀派新自阿瓦還至孟連徵索幣貨又遣頭目卜布拉木邦罕黑至耿馬責其禮普洱之十三板納者本車里土司地雍正七年鄂爾泰總督雲南招降之始割其地置府至是緬人亦來索米永順鎮總兵田允中普洱鎮總兵劉德成知府達成阿檄土司各率兵禦之殺其頭

目卜布拉召罕標等餘衆潰走三十年調吳達善於湖廣命
劉藻爲總督以常鈞巡撫雲南額爾格圖卒達啟代爲提督
孟艮本緬屬距普洱千餘里土司召孟容與弟召孟必不相
能召孟必之子召散譖召孟容於緬緬人執之其子召丙走
南掌參入居於十三版納之猛遮召散因令素領散聽素領
散撰素領散黨阿鳥弄等犯打樂分侵九龍江橄欖壩車里
土司逋去賊人據其城劉藻檄大理順寧營兵七千往勦
二月游擊司邦直先進爲賊人所圍會參將劉明智至夾攻
破之乘勝復車里土司城進攻猛籠猛歇猛混猛遮諸壘連
破之然賊衆往往竄合屯聚未肯即退藻議益以曲靖楚姚
兵二千未至而參將何瓊詔游擊明浩等聞猛阿爲賊所攻
遽率兵過滾弄江東器械以行不設備入山遇賊兵敗皆論

斬雲南承平日久兵不知兵所謂土司者尤怯每聞賊至則相驚恐指十爲百指百爲千相率而遁竄兵將聞之益以選懦不堪用是以師久無功然

上知藻書生不諳於軍旅弗深罪也三十一年正月陝西甘肅總督楊應琚方以授大學士入覲

上卽命管雲南總督事務往視師降藻爲湖北巡撫繼革職藻懼三月壬申夜自刎死達啟亦革職以李勳代之是月乙亥應琚至雲南楚姚鎭總兵華封已平打樂猛腊參將哈國興已平大猛養合勦孟艮召散遁官軍得其城而劉德成與達啟及副將孫爾桂攻整欠亦克之普洱邊外悉平叭先捧者車里土司之所屬蓋微者也顧與其妻戚以從軍自効斬素領散撰於小猛崙素領散聽亦爲其妻殺死應琚乃請以

召丙居孟艮叭先捧居整欠均授以指揮使守其地在事出力將弁分別賞敘有差時李勳方至雲南應琚令往孟艮整欠正經界集流亡釐戶口定賦稅附入版圖以爲久遠計然召丙爲人也懦不能安輯其人叭先捧好飲酒性麤畧不敢至整欠退棲於猛彝四月召散之黨召猛烈召猛養以次被獲其弟僧召竜亦自投首　詔磔召猛烈等而原召竜與番僧章嘉胡圖爲弟子惟召散逋逃未得應琚見夷人之易於摧殄也遂上奏云臣兩月以來訪問召散蹤蹟夷衆咸稱逃往阿瓦已飭土司繕寫緬文索取不獻當興師問罪臣查緬甸雖歷年久遠而近者篡奪相尋夷議實有機會可乘臣謹選人潛往阿瓦將地方之廣狹道路之險易詳悉繪圖并探明今昔情形俟回日具奏臣現將可調之兵布置練習密修

戎器以便臨期遣發奏入
上諭云應琚久任邊疆必不至輕率喜事如可相機辦理尅
日奏功自不妨乘時集事倘勞師籌餉稍致張皇轉非慎重
籌邊之道務須熟計兼權期於妥善以定行止而是時諸將
希應琚意言內附者紛紛矣李勲以猛勇猛撤告劉德成以
猛竜補哈告華封以整賣景線景海告幸修言各夷地廣輪
或二千里或二千餘里爲邊外大司應琚悉奏聞以其頭目
爲千總守備緬寧通判富森言木邦人殺緬立土司罕黑奉
線甕團爲主願求內屬永昌知府陳大呂亦言蠻暮土司被
緬殘虐久願降請發大兵爲助應琚乃往駐永昌而遣副將
趙宏榜將永順騰越兵三百餘人出鐵壁關屯新街爲蠻暮
捍蔽宏榜抵關遇大呂所遣使覊之而自受蠻暮土司瑞團

降大呂恚訴於應琚應琚曲解之是時騰越知州陳廷獻招猛育猛英猛密陳元震招戞鳩允帽結步富森招犿狋而宏榜又招孟養乃壩竹孟岳十六寨諸夷先後遣人來約降應琚又為文檄緬言　天朝有陸路兵三十萬水路兵二十萬陳於境以待速降則已不然將進討緬賊聞乃大出兵緬人素不養兵有事則於所屬土司之寨籍以戶口多寡因以出夫名曰門戶兵自甕藉牙㩧阿瓦蓄勝兵萬人一人給以餉四十兩其餘派夫如故每戰則以所派土司㴋夷居前勝兵督其後又以馬兵為兩翼戰既合兩翼分遶而進因以取勝度未可戰則發連環火鎗兼以礮比烟闢則柵木已立入而拒守其用兵如此九月賊人先以兵出落卓攻木邦線甕團不能守入居遮放又以兵溯江而上抵新街宏榜相持兩日

勢不支戊子燒其器械輜重及傷病之兵退回鐵壁駐守而
蠻暮土司亦偕其母走入內地應琚聞緬人將抗拒憂甚痰
疾遂作李勳先以瘴卒李時升代爲提督常均亦調湖南以
湯聘爲巡撫聘聞應琚疾乘傳至永昌且以宏榜失事聞
上命兩廣總督楊廷璋馳赴永昌代應琚經理軍務並廉宏
榜兵敗狀又遣侍衛傅靈安挾御醫診應琚病又命其子江
蘇按察使重英湖南寶慶知府重穀赴滇省視之應琚所調
兵一萬四千名將集令永順鎮總兵烏爾登額駐宛頂進勦
木邦永北鎮總兵朱崙由鐵壁關進駐新街而令時升在杉
木籠山居中調度崙至楞木遇賊人接戰四晝夜賊退追擊
之懵駁之弟卜坑及其舅莽聶渺節速詭求和言願頂經喫
咒水頂經以經加於首咒水者取水咒之分與其衆飲蓋夷

人盟誓之禮也議未定賊已擁衆越神護萬仞關入掠盞達圍游擊馬拱垣於盞達江上分兵入戶撒游擊邵應郊亦被圍劉德成在千崖有兵二千人不救時升因檄崙還守鐵壁又聞賊人欲從庫弄河出關後崙復引兵郤駐守隴川賊人勢張甚嗣應琚數以檄促德成德成始擊賊於銅壁關下破之賊人自西而東趨隴川德成亦由戶撒以擊其後時升又檄烏爾登額帥宛頂兵至邦中山以助聲勢於是軍威稍振賊人見大兵之集也復乞降崙以報應琚命許之賊人伺我兵懈遂走犯猛卯猛卯與木邦親木邦之降猛卯實左右焉賊人怨故欲蹂躪之時三十二年正月丙寅朔也副將哈國興帥兵二千五百人往赴猛卯比至見賊勢盛乃入城與土司堅守賊攻城緣梯而上城上矢礮交發桀石以投之又取

尿煮粥糜揚以灑賊賊人不敢近國興頹爲火鎗所傷墮十
有一齒圍八日癸酉副將陳廷蛟游擊雅爾姜阿各以兵至
城中兵出合擊之賊大潰而烏爾登額檄之不至以故賊人
得浮猛卯江而逸朱崙乃造浮橋過宿養渡由景陽暮董僧
烏爾登額進勦木邦是月丁丑楊廷璋至永昌詢諸有司皆
言緬人叵測事不易集遂奏言應琚病已痊臣謹歸粵
上召還京師補刑部尚書而賊人入關侵擾應琚皆不以聞
僅言崙殺賊幾萬人賊人震懼乞降欲以新街蠻暮與之而
時升亦言猛卯之捷誅其大頭目播定鮓皮魯布奏入
上視應琚所進地圖用藍筆分中外界而猛卯隴川均在藍
線內
上疑之以爲如果殲賊萬人及大頭目賊當遁走不暇何以

朱崙輾轉退郤賊敢蔓延內地土司之境降　旨駁詰[illegible][illegible]
靈安先奉　旨廉訪軍事具言趙宏榜棄新街朱崙退守[illegible]
川及李時升未經臨敵情事與
上駁詰者悉合應琚復劾劉德成烏爾登額逗遛貽悞於是
逮李時升朱崙劉德成烏爾登額趙宏榜而遣楊寧爲提督
且以應琚欺罔乖謬不能任是事乃召明公瑞於伊犁以將
軍總督雲南遣額爾景額爲參贊大臣徙湯聘於貴州以鄂
寧代之上年多緬人已據整賣景線召散遂幸以攻孟艮召
丙惱懼出奔賊延入打樂思茅同知黑光以報時湯聘未聞
新命楊重英方至自江蘇乃偕赴普洱奏言總兵華封寧珠
安坐普洱失勦禦請革職治罪奏入華封寧珠與遊擊權恕
司邦直都司甘其卓皆被逮調開化鎮總兵書敏總統進勦

頭之鄂寧亦至普洱奏言上年九龍江外兵以瘴死者不可勝數官弁夫役死亦過半馬匹並多瘴斃此時正盛瘴發生湯聘乃稱嚴飭將弁尅日進勦懷詐塞責實無誠欵奏入湯聘亦革職逮治應琚見前所招撫土司復爲賊據其土司頭目夷人千百爲羣皆蕩析離居或隨軍營或依附相率土司棲止而緬賊時出沒爲患邊事日棘鄂寧復奏應琚貪功啟釁爲朱崙等諱飾又不令湯聘傳靈安與聞邊務及抑沒游擊班第守備江紀陣亡各狀應琚恐乃言緬酋罪惡貫盈宜亟翦滅請於秋間大舉進勦以綏南服謹擬事宜五條一分兵五路東路由孟艮及木邦錫箔中路由猛密西路渡南大金江由猛拱孟養水路從新街順流下阿瓦共調用湖廣四川貴州本省兵五萬同時並進一於湖南四川貴州廣西調

賊砦相偪會商人馬子園言橋之東三十里水淺可涉且岸頗平乃以兵繞出其後賊人復棄砦去十月甲申進至鑾結賊人依山立十六柵明公抵柵下親冒鎗礮督兵進攻軍士用命貴州步兵王連覘柵左有積木藉以上騰入柵內砍殺賊人驚咋披靡諸軍繼之爭攀援而入連破四柵至夜八柵之賊亦皆竄去捷聞晉封明公誠嘉毅勇公以恩澤公予其弟奎林特擢王連爲游擊餘俱交部敘功然夷境峭險所謂草者率綠竹王芻之屬馬乏草因以致斃而牛行遲滯輦之以登險阻斃者尤衆賊人燒其村寨斂積貯而窖埋之掠無所得以故糧儲垂竭進至象孔迷道益險仄不可行明公度不能至阿瓦謂烏爾登額等在猛密還兵則西北聲勢可以相應而烏爾登額譚五格出虎踞關聞老官屯有賊意輕之

先率衆往攻顧賊人固守弗能下軍士多傷陝西興漢鎮總兵王玉廷亦中鎗卒珠魯訥之守木邦有夷數十人來降疑其僞悉誅之而遣索柱等往錫箔江宋寨設臺站以通明公軍信息索柱至蒲卡聞賊至以兵少退守錫箔賊躡之戰沒賊人遂傳木邦城下絶營南水道糧運之從宛頂來者賊又截之軍士皆饑渴火藥亦盡賊人審其困佯爲好語求和珠魯訥不得已遣楊重英及守備王呈瑞往報賊人留之且誘軍士出汲斷其後皆不得還而益兵攻城三十三年正月丁未夜兵亂珠魯訥自刭於軍普洱鎮總兵胡大猷亦沒賊之圍木邦也珠魯訥屢促鄂寧救援而永昌兵盡以行無可調發已而促之亟始令游擊袁夢麟等率駐宛頂兵三百人以往遇賊皆不知所之知府陳元震郭鵬翀持參贊印先三日

逃出鄂寧捕得之磔死明公既從象孔旋軍諜知烏爾登額未至猛密而諜者報大山波竜多積穀乃往趨之大山土司瓦喇遣弟羅[illegible]齎特來迎且率其子阿隴從軍軍三日穀復行而賊人之由木邦來者及從蠻結散去者皆復聚躡官軍後或於隘口樹柵以待官軍日數接正月丙午至蠻化伺賊懈返擊之斬馘無算又自蠻化至邦遮虎布蠻移小天生橋獞子壩大小數十戰頗疲乏順鎮總兵李全沒於陣又稍稍聞木邦失守明公恥是舉之無功也二月己未至猛育令將佐等先行自殿後與賊人且戰且走鎗傷於脇呼從者取飲水至飲水少許而絕領隊大臣觀音保扎拉豐阿皆戰死死者凡千餘人是夕也星隕如雨餘軍先後潰歸宛頂明公自蠻結破賊後懸軍深入

上久不得報命協辦大學士戶部尚書果毅公阿公里袞以
參贊大臣赴邊援應又聞木邦被困命明公旋軍而勅烏爾
登額撤老官屯之圍往援木邦賊人覺扼馬膊子嶺烏爾登
額幾不得出而自旱塔抵猛密木邦有衺徑頗近烏爾登額
以馬盡糧乏紆道入虎踞關經猛卯至宛頂復駐兩日而明
公陣亡之信已至鄂寧罪其有心玩誤逮至京磔之並誅譚
五格于市而厚䘏明公明公無子以奎林子後襲爲公其後
阿公募人至猛育求其尸得之歸于京師以葬於是大學士
傅公請自督師乃命爲經略阿公里袞及兵部尚書伊犁將
軍阿公桂爲副將軍副之以刑部尚書舒公赫德爲參贊大
臣進鄂寧總督調明德巡撫雲南用立柱爲提督而命各省
厲兵購馬以待時阿公桂尚在伊犁因使舒公乘遽先往舒

公至雲南與鄂寧連名上奏所言不稱　旨乃使往烏什辦
事而降鄂寧爲巡撫撫福建久之以是年二月賊人擾掠戶
撒匿不奏復降三等侍衛往永昌軍營贖罪於是命阿公佳
以副將軍管雲南總督趣使就道阿公未至前阿公里袞署
之五月緬人縱所獲兵許爾功八人自木邦持緬書來且使
楊重英王呈瑞等言懵駮之毋懼得罪　天朝欲使懵駮內
附重英又恐緬書繙譯易誤乃以共書譯清漢字各一通益
以木邦腊戍頭目苗溫之書苗溫者緬人守土官之稱腊戍
在木邦南時木邦殘破而腊戍城在嶺下可守故苗溫徙居
於此緬書云暹羅國得楞國得懷國白古國一勘國罕紀國
結些國大耳國及金銀寶石廠飛刀飛馬飛人有福好善之
王殿下掌事官拜書領兵元帥昔吳尚賢至阿瓦敬述

大皇帝仁慈樂善我緬王用是具禮致貢蒙賜緞帛玉器諸物自是商旅相通初無仇隙近因木邦蠻暮土司從中播弄興兵爭戰致彼此傷損人馬茲特投文叙明顛末請循古禮貢賜往來永息干戈照舊和好阿公里袞以聞

上與傅公議命絕之毋作回書自後緬人數以書與隴正野人及遮放土司訪問許爾功狀皆置不答而以楊重英倫生阿瓦籍其家俘質其子於理八月阿公桂詣熱河　行在奏言緬賊愚不畏死實所憤切臣至滇當相度時勢以迓天誅不敢鹵莽滅裂誤軍國大事

上頷之既陛辭至襄陽會守備程檄前從楊寧軍陷于賊至是密以書來告言緬人方與暹羅仇殺可約以夾攻也

上遣人馳問阿公桂奏言官軍會合暹羅必赴緬地若由廣

東往則遠隔重洋相去萬餘里之遠期會在數月之後恐不能如期

上以爲然蓋自明陳用賓有要暹羅攻緬之說楊應琚楊廷璋先後奏上廷議雖斥之不能釋然也因傳　旨命兩廣總督李侍堯訪察侍堯奏言聞暹羅爲花肚番殘破國主詔氏竄蹟他所餘地爲屬下甘恩勑莫士麟分據花肚番即緬人以膝股爲花故云由是約暹羅之議始息是年冬

上念旂兵之從明公瑞者頗勞苦因命回京復選旂兵五千人赴滇合以荆州貴州四川兵一萬三千人阿公里袞乃令副都統綿康曲尋鎮總兵常青帥二千人駐隴川侍衛海蘭察烏爾圖納遜帥二千人駐盞達領隊大臣豐安鶴麗鎮總兵德福帥二千人駐遮放侍衛與兆巴朗帥一千人駐芒市

侍衛玉林普爾普帥五百人駐盞達侍衛恒山保永順鎮總
兵常保柱帥三千人駐永昌廣東右翼鎮總兵樊經文帥一
千人駐緬寧荆州將軍永瑞四川副都統雅朗阿提督五福
帥六千人駐普洱而騰越兵一千人令綿康兼轄之防守嚴
密邊以無事
上以賊人狡惡思出偏師以肄之使其疲于奔命始欲出九
龍江繼欲出白小皆不果阿公里衮乃議勦戛鳩十一月阿
公桂至永昌聞信馳往會勦戛鳩在萬仞關外十二月出關
焚數寨殱衆數百人止扑山濮夷國五寨者率四十餘戶來
降遷之盞達三十四年正月以阿公桂專管副將軍事其阿
公里衮副將軍如故擢明德爲總督調喀寧阿巡撫雲南哈
國興先已擢貴州提督立柱卒以五福代之未幾五福永瑞

緣事降爲侍衛以木進忠爲提督以雅郎阿爲荆州將軍駐普洱二月甲戌傅公恒發京師先期　賜宴于正大光明殿賦詩以寵其行又一日　御太和殿授以敕印其餘皆如前次經略金川之儀方傅公在京師與僚屬熟計或曰元伐緬由阿禾阿昔二江以進今其蹟不可考矣意爲大金江無疑前鄂寧言騰越之銀江下通新街南甸之檳榔江流注蠻暮兩江皆從萬山中行石磡層布舟楫不可施若於近江之地爲舟具使兵扛運至江滸合成之以入於江下阿瓦既速且可免運糧加以師期較早一二月緬人必不暇設備又以一隊渡江而西如此緬不足平也傅公然其言四月丙辰至永昌條奏進兵事宜皆如所議遂遣護軍統領伍三泰左副都御史傅顯及哈國興率夷人賀丙往銅壁關外相視造舟地

還報野牛壩山勢爽塏樹木茂密且距蠻暮河一百五六里於江爲宜乃令常青等率兵三千人湖廣工匠四百六十餘人往駐督辦而賀丙者本戛鳩頭目賀洛子使其潛往招撫是役也續遣滿洲索倫鄂倫春吉林西[illegible]厄魯特察哈爾及自普洱調赴騰越之滿洲兵共萬餘人又福建貴州本省昭通鎮兵共五萬餘人河南陝西湖廣與在省曲靖各府飼養之馬騾凡六萬餘匹益以四川工兜術之喇嘛京城之梅針箭冲天砲贊巴喇烏鎗河南之火箭四川之九節銅砲湖南之鐵鹿子廣東之阿魏在雲南省城製造之鞍屜帳幙旗纛火繩鉛藥及釘鐵灰油麻枲諸船料物悉運往以資軍實乃議分路經略由江西戛鳩路副將軍阿公桂由江東猛密路副將軍阿公里袞以肩瘡未愈由水路合計新舊調兵二萬

九千人分兵戛鳩路滿洲兵一千五百人護軍統領伍三泰侍衛玉麟納木札五福鄂寧烏爾袞保參領滿都虎德保領之吉林兵五百人護軍統領索諾木策凌侍衛占坡圖領之索倫兵二千人副都統呼爾起奎林莽喀察侍衛塔尼布克車德愛菩薩參領占皮納領之鄂倫春兵三百人侍衛成果厄魯特兵三百人侍衛鄂尼積爾噶爾領之綠營兵四千人提督哈國興與開化鎮總兵永平及德福領之其猛密路滿洲兵二千人副都統綿康豐安常保柱侍衛海蘭察瑪格喬蘇爾與兆普爾普領之索倫兵一千人散秩大臣噶布舒侍衛額森退領之厄魯特兵三百人侍衛巴朗領之綠營兵四千人曲尋鎮總兵常青永北鎮總兵馬彪楚姚鎮總兵于文煥領之其水路健銳營兵五百人侍衛烏爾圖納遜奈庫納領

之吉林水師五百人副都統明亮侍衛豐盛額領之福建水師兵二千人福建提督葉相德福建建寧鎮總兵依常阿領之又令副都統鐵保侍衛永瑞領成都滿洲兵一千二百名侍衛富興蒙古爾岱鄂蘭必拉爾海領西夔兵一千人提督本進忠臨元鎮總兵吳士勝領綠營兵二千二百人分守驛站又令侍衛諾爾奔領滿洲兵五百人永順鎮總兵孫爾桂領綠營兵一千名屯宛頂以牽制木邦之賊又令雅郎阿領荆州滿洲兵二千人普洱鎮總兵喀木齊布領綠營兵一千五百人駐守普洱分置纔定而賀丙往戛鳩招撫猛拱挾其頭目脫猛烏猛以來其言曰上年懵駁遣頭目盞拉機以千人守猛戛需索煩重土司畏其偪避往戸工猛拱人若緬人魚肉久矣聞大軍來皆呀呷忻喜請戛鳩濟江出猛拱猛拱

米穀多可以佐軍食頭目歸當集舟於江以待傅公上言猛拱遣大頭目來歸稱備舟以候官兵過渡臣思野牛壩造舟賊人早有見聞若於西岸設伏沿江抵拒未易渡也今忽由戛鳩過江先從陸路據蠻暮西岸已出賊人意計之外月自戛鳩渡後可將舟楫順流放至蠻暮添備東岸官軍過渡如造舟處有緩急我兵在西岸乘舟往來策應亦爲最便臣傅恒謹先統兵進發阿里袞偕阿桂往野牛壩督辦船工癸卯次蠻達分道行阿公里袞固請從傅公庚申出萬仞關八月癸丑次允帽允帽江滸也賀丙偕脫猛烏猛以舟三十餘來迎丙子次猛拱土司渾覺竄往節東遣兵蹤跡之獲其小妻併頭目與堂札與堂札願往尋渾覺縱之五日偕以來獻象四傅公令其人持大纛騎以先行夷人望見皆驚駭而乎渾

覺銀萬兩市牛數千頭米數千石以給軍時阿公桂以七月戊申次野牛壩舟工畢八月乙酉進次蠻暮初官兵之裹糧兩月也議以進勦後爲始而督工時仍令內地饋運明德面諾之不爲具及是移檄往促始令騰越州發運泥深道遠經月不能至乃奏糧運遲悞狀明德降爲江蘇巡撫以阿思哈代之略寧阿調撫河南代以彰寶九月壬辰由蠻暮進新街舟成將出江口賊人從猛戛來逆戰阿公桂令官軍先伏於甘立寨賊至水陸奮擊發巨礮以沉其舟譟而從之笳鼓競作衆大沮退走先時傅公江西支報越兩三日輒得信自猛拱而南信益稀阿公桂聞蒼沭蠻岡間有伏戎乃募濮夷間道以書往訊及伊犂將軍伊勒圖總督阿思哈奉命皆至軍中乃以兵二千人屬伊勒圖渡江迎傅公併令玉麟哈青阿

率兵據西岸以待伊勒圖渡江遇賊擊走之餘衆之在柵者一夕皆遁去傅公故得不遇賊而率十八騎以是月戊申抵哈坎是時緬賊列船江岸且於沙洲及林莽間以次樹柵十月戊午傅公及阿公桂督水師擊之侍衛阿爾蘇納先率其徒乘一小舟衝入衆繼進奪所樹柵收其旗纛器械無算殲頭目賓啞得諾而阿公里衮伊勒圖攻其西岸諸柵賊亦棄柵遁去丙寅傅公阿公桂循江岸東行伍三泰常青循江西岸阿公里衮伊勒圖帥水師並進丁卯阿公里衮以瘴甚卒于舟伊勒圖領其衆已抵老官屯賊柵徑圓三里許柵尾迤邐屬於江中瀦水可泊船叢布拉莽儻所居也西岸頭目得楞孝楞率船一百三十兵三千起兩柵與東斜望及夕柵木杪皆懸火有頃鼓聲登登然雜以管籥侏離之歌傳呼以

逵於江西遠近相和竟曉乃輟而老官屯南巴窪章薄賊人皆漸次築柵以爲應援庚午攻其柵經略將軍親劘壘總兵德福中火鎗逾日卒乃令舟師絕兩柵中下泊於柵南斷賊入江中救援發威遠大礮礮重三千斤子三十餘斤聲如奔雷遇木輒洞以過柵不爲塌又積柴以燔之而江自四更霧起重如雨迄辰巳時始息柵木皆沾濕火不得爇又用革𩏂爲長絙維巨鉤投於柵杪役數千指曳之力急絙輒斷總兵馬彪闢隧穿藥其中深數十丈藥發柵幾拔以貫串堅弗能毀也賊自巴窪章薄來鎗礮火藥糧米卒不得斷絕是以無逃竄志然懵駁開新街之敗懼而攻圍日久傷死者多十一月己丑布拉莽儻乃遣使求罷兵明日復以懵駁書來傳公阿公召諸將問可否諸將俱言懵駁從阿瓦致書非震悚誠

切不出此可因之以息事壬辰作檄答之言汝國欲貸討必繕表入貢還所拘縶官兵永遠不犯邊境如背約今次撤兵明年復當深入書往癸巳緬人管馬兵頭目猛駁舅莽勒西哈蘇管角篌城頭目懵駁弟莽勒莽拉角敦温托多管九城馬兵頭目莽聶渺廝哈蘇拉管廝官城由達拉温莽聶渺西里節雅倉姜管濮夷頭目莽聶渺諾爾塔管五營頭目莽聶渺節蘇角湯得勒温莽聶渺節蘇三噶亞管賴得城頭目莽息東也岡諾爾塔管結步頭目莽聶渺息雅蘇管密得城鎗砲頭目莽角雜綏當爾塔管力都城鎗礮頭目諾爾塔角湯管薩謬城頭目莽角雜西里諾爾塔管只朗城頭目莽滾烏西里諾爾塔管空罕兵頭目莽邊欽西里角凡十三人請人議事乃遣明亮海蘭察哈清阿明仁哈國興常青馬彪依常

阿于文煥雅爾姜阿等會議申論所約三事頭目皆拱手聽
命哈國與又云汝國越在海裔不知藩臣典禮汝入貢當具
表文文首行書緬甸王臣某奉表
大皇帝陛下與安南高麗各外藩等其頭目得勒溫日謹受
教目左右具書以歸丁酉陳錦布氊毯百餘端獻經略將軍
而進魚鹽以犒官軍於是焚舟鎔巨礮奏聞以己亥班師甲
辰進虎踞關緬人遣頭目率六十餘人送至關上是日得
旨則以緬地瘴癘 命貫深討乃令渾覺還猛拱而以其所
進象四送京師于是 命籌議善後事宜而趣伊勒圖及傅
公先後還京自夏秋以來本進忠葉相德吳士勝及傅顯伍
三泰綿康豐安呼爾起等相次卒永平亦以鎗傷歸鎮本進
忠之卒以常青代爲提督先是阿思哈馳至蠻暮以進兵期

早糧馬不足爲詞革職旋擢彰寶爲總督以哈國興提督雲南調常青于貴州傅公奏善後事宜請增順寧兵二百三十八增騰越兵五百三十八龍陵設兵六百八裁永北曲尋楚姚總兵缺三裁遍省兵六千七十餘缺

上從之木邦蠻暮兩土司走入內地後線甕團居緬寧之海臘丁山瑞團居盞達之壩筑其猛臉頭人線官猛亦率衆居隴川戶南山餘遷徙無常處及是移線甕團于蒙化移瑞團綿官猛於大理各取官莊租贍之而賀丙則從其請居於萬仞關外之南底壩其後又以召丙叭先捧等分置於寧洱縣之蕨箕壩猛黑使不得與外域勾結戕殺滋近邊患而大山之姪阿隴允帽頭目之女老安皆屬縣官予以廩給猛勇頭目召工整欠頭目召教景海頭目召別咸願輸誠進獻召工

恐追治其罪不敢過九龍江惟召敎偕召別來詣軍門雅朗
阿遣召別而執召敎以聞
上謂啓兵釁者召散非召敎也　命厚其賞賚而遣之明年
召敎召別遂遣人請六年一貢永爲例三十五年二月
上以緬人貢使不至令毋許奸商挾貨貿遷以利緬且漏內
地消息乃留新調貴州及雲南兵分駐隴川盞達三台山三
路使馬彪于文煥雅爾姜阿馬德哈國興常青統領之而八
旗兵以次還京阿公還至省城有　旨命核所用軍裝馬匹
又　命彰寶檄斥緬人貢使遲滯狀使都司蘇爾相持至老
官屯布拉莽儹留之阿公闖回至永昌察賊狀時五月暑雨
緣邊瘴氣至兵多病奏檄三路兵移至杉木籠黃林岡及龍
陵分駐而總兵雅爾姜阿于文煥卒以瘴卒是年四月傅公

卽於京師七月丁巳病卒鄂寧亦於是月卒于永昌明德卒
於雲南省治以諾穆親爲巡撫
上念雲南用兵久屢免其賦及土司差發銀兩又自燕以南
每省給銀三十萬佐驛站恩賞之用先後撥雲南軍需共銀
一千三百餘萬三十六年三月阿公言蠻暮木邦猛密三土
司外始有緬人村落距邊已二千餘里偏師不可以深入若
出近邊則所獲馘者乃野人濮夷與緬無損以臣愚見莫如
休息數年爲大舉計奏上
上降旨曰緬匪性極譎詐深知我限於天時地利是以激我
用兵使我耗費兵力彼得坐乘便利朕早燭其奸若彼無釁
可乘斷不宜輕言大舉且如四川貴州廣西等省產馬無多
數載用兵購辦已爲竭蹶此時復令購辦實有所難至須兵

糧各項籌備極速亦應以十年計算而此十年間內地且日
以爲用兵不息豈有因么麽小醜爲此無益之理老官屯撤
兵甫越年餘今復議進勦非惟適中賊計亦且師出無名若
爲拘留蘇爾相起見則彼不過以總督差人又何值興師動
衆於是落阿公職　命理藩院尚書溫公福署副將軍籌議
偏師襲擊事七月抵永昌部署戎馬將以十一月深入會四
川小金川土司僧格桑與沃日金川土舍索諾木搆殺革什
扎土司據其地大學士總督阿爾泰恇怯無策乃　命溫公
同阿公赴四川進討而令彰寶分貴州雲南兵防守各關三
十七年小金川平復授阿公定邊右副將軍三十八年秋敗
授定西將軍四十一年金川平奏凱索諾木母妻兄弟悉俘
至京部議褫之時緬甸先遣孟遮等五人以書呈雲南總督

閫思德總督縶之歸京師及是命赴市曹觀狀且告之故孟遴等皆震懼戰慄乃縱使歸緬而令阿公以大學士吏部尚書赴永昌猛駁聞　天朝威德益懼遂具幣歸蘇爾相及其從人於時永昌改設總兵龍陵騰越各設副將且增其兵數至冬〻則出關巡邏而盡撤貴州雲南及他鎮之兵至五十二年耿馬土司罕朝瑗報言滾弄江隔岸卽係緬甸木邦茲緬酋孟隕遣大頭目業瀏瑞洞細哈覺控委盧撒亞三名率小頭人從役百餘人賫金葉表文金塔一馴象八寶石金箔檀香大毯象牙漆盒諸物又絨氈洋布四種懇求進貢譯其文稱孟隕乃甕藉牙第四子幼爲僧猛駁其長兄次兄孟魯猛駁死子贅角牙襲職孟魯以甕藉牙有言諭以兄終弟及今猛駁死而子襲非約乃戕殺贅角牙欲自立國人不服亦殺

孟會迎孟隕立之孟隕深知父子行事錯謬感
大皇帝恩德自撤兵以後不加勦屢欲投誠進貢因與暹羅
搆釁且移建城池未暇備辦今緬地安寧特差頭目遵照古
禮進表納貢總督富綱等以聞
上允所請賫其使而歸之且賫孟隕佛像文綺珍玩器皿五
十四年孟隕復因
聖壽八旬備表祝釐並請封號願十年一貢又請開關禁以
通商旅
上皆從之封爲緬甸國王賜勅書印信及　御製詩章珍珠
手串　命遣道員參將賫往其都地名蠻得列用示優異而其時
南掌亦以
萬壽進馴象於是南徼寧矣

余於乾隆二十五年以中書舍人直軍機房又四年緬事作又五年從軍又八年蘇爾相還又十二年緬人始內附緬自元明來數爲邊患頗恨二史於道里形勢戰守得失之故不備往者騰越知州吳楷撰征緬紀畧頗詳贍亦有繁冗失實者因次第刪正之續以輸誠效貢而緬事顛末始具蓋使後之攷邊事者有鑒於此而此前後二十餘年余得親見其讋服顧不幸歟雖然丙申秋余以通政使副使　召見奏緬事甚悉

上諭云緬地惡劣人不能與天時水土爭徒使精兵勇將斃於瘴癘甚可憫也是以決不用兵大哉

王言足以召天地之和矣于是緬人自相戕賊卒之懷德畏神敂關歸款非

聖仁廣被上感天和豈能致是也哉